Chapter 5 지구의 위험과 미래

활동 지침서 (16~30)

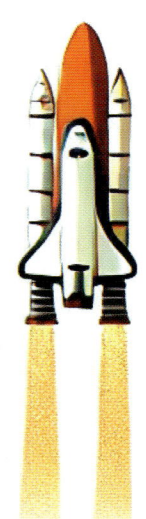

『지오몽의 지구 이야기』 사용 설명서

1. 교재의 특성

■ 과학 교재를 넘어선 '생각 설계 플랫폼'

『지오몽의 지구 이야기』는 초등학생 과학 영재를 만들기 위한 STEAM 융합 사고 훈련 프로그램입니다. 과학 이론을 기반으로 현실의 문제를 구조화하고 문제 해결에 필요한 생각을 설계하도록 돕는 시스템형 학습 플랫폼입니다.

STEAM 교육은 과학(Science), 기술(Technology), 공학(Engineering), 예술(Arts), 수학(Mathematics)을 통합적으로 사고하고 문제 해결에 적용하는 접근법입니다. 단순한 교과 융합을 넘어, 복잡한 문제를 창의적으로 정의하고 해결하는 사고력과 협업 능력을 기르려는 목적이 있습니다.

인공 지능(AI) 시대에는 지식만 외우거나 과목별로 나누어 배우는 방식만으로는 대응하기 어렵습니다. 그래서 STEAM 교육은 미국, 유럽, 아시아 등 세계 여러 나라에서 빠르게 확산하고 있습니다.

『지오몽의 지구 이야기』는 이러한 시대적 흐름에 맞춰, 어린 학생들도 STEAM의 5개 영역을 자연스럽게 통합하며 사고할 수 있도록 설계했습니다. 지구의 과거, 현재, 미래를 다루는 60개 주제가 모두 독립적인 사고 과제로 구성되어 있으며, 모든 활동은 '문제 인식 → 기능 설계 → 시나리오 구성 → 설계도 작성 → 발표 → 피드백'이라는 체계적인 사고 흐름을 따릅니다.

활동지에는 설계도, 말풍선, 시나리오, 교사의 질문 등의 예시가 포함되어 있습니다. 학생들이 글쓰기의 부담 없이 생각을 구조화하여 논리적으로 표현하는 능력을 기를 수 있습니다. 이러한 구성은 하버드의 'Project Zero', MIT의 STEAM 기반 연구 프로그램, 핀란드의 PBL 교육 시스템에서도 아직 구현되지 않은 고차 사고 훈련 프레임입니다. 이 교재는 단일 수업 자료를 넘어, 학생 스스로 사고를 설계하고 표현할 수 있도록 이끄는 세계 유일의 사고 훈련 시스템입니다.

■ 사고 과정을 스스로 설계하는 학습자 중심 구조

모든 활동은 아이들이 스스로 사고의 모든 과정을 구성하도록 설계했습니다. 하나의 활동 안에서 학습자는 문제를 정의하고, 기능을 고안하며, 이야기를 만들고, 설계도를 완성한 뒤 발표하고 친구의 질문에 응답하며 피드백을 반영하는 과정을 경험합니다. 이러한 구조는 자기 사고를 시각화하고 언어로 정리하는 힘을 기르도록 돕는 훈련이기도 합니다.

초등학교 때 이러한 과정을 반복하면 자연스럽게 '문제 인식 → 해결 전략 구상 → 구조적 설명 → 피드백 수용 → 자기 사고 점검 → 표현력 강화'로 이어지는 자기 주도적 사고의 순환 과정을 내면화하게 됩니다. 나아가 "나는 지금 무엇을 해결하고 있는가, 어떻게 접근해야 하는가, 이 내용을 다른 사람에게 어떻게 설명할 수 있을까?"와 같은 메타 인지 기반의 질문으로 확장됩니다. 메타 인지는 자신이 아는 내용과 모르는 내용을 자각하고, 문제점을 스스로 찾아내 해결하며, 학습 과정을 조절하는 정신 작용을 의미합니다.

지오몽의 지구 이야기

우리는 어디로 갈까

추론편

엮은이 · 행복한 논술 편집부

4

(주)이태종 NiE 논술연구소

차례

■ 누구나 수업할 수 있는 열린 구조

이 교재는 교육 전문가만을 위한 학습물이 아닙니다. 전문적이지만 쉽고 단계화된 수업 구조로 설계되어, 교사, 학부모, 교육 기관 누구나 쉽게 활용할 수 있습니다.

교사는 활동 해설지만으로도 연수 없이 정규 수업, 창의적 체험 활동, 방과후 수업을 2차시 단위로 운영할 수 있습니다. 학부모는 가정에서 아이와 함께 설계도를 그리고 말풍선을 꾸미며 발표하는 창의 놀이 수업으로 활용할 수 있습니다. 교육 기관에서는 STEAM 융합 수업, 영재 교육, 창의성 평가 수업, 프로젝트 기반 수업을 체계적으로 구성할 수 있습니다. 미술 학원이나 창의 수업 현장에서도 적용 가능합니다. 과학 이야기를 설계도로 표현하기, 설계도의 내용을 반입체로 구현하기는 단순한 조형 활동이 아니라, 사고를 시각화하는 도구로 활용되어 논리적 사고를 돕는 미술 활동과 조형적 사고 훈련으로도 확장됩니다.

■ 교재에 활동지와 활동 해설지 탑재

교재에는 교사, 학부모, 학원 강사 등 누구나 별도의 연수 없이 손쉽게 수업을 운영할 수 있도록 활동지와 활동 해설지가 제공됩니다. 활동지에는 주제별 수업 목표, 개념 설명, 기능(조건) 제시, 유도 질문, 예시 답변, AI 평가(정량 평가)가 가능한 루브릭을 제시했습니다. 해설지는 활동지와 1:1로 대응되는데, 활동 준비물과 준비물 사용 설명을 구체적으로 서술했습니다.

2. 2차시 수업 구조로 완결되는 사고 훈련

모든 활동은 2차시 수업으로 진행할 수 있도록 설계되어 있습니다. 학습자는 교재 공부를 마친 뒤 자기 생각을 시나리오로 구체화하면서 '반입체 구성+발표+피드백' 중심으로 사고를 정리할 수 있는 구조여서 글쓰기에 서툰 아이도 몰입할 수 있습니다.

차시	예시 문장	구성 활동	교육 목적
1차시	50~60분	지오몽 교재 읽기 → 개념 대화 → 기능 고안 → 시나리오 구성	과학 개념 이해+문제 해결 과정 구성
2차시	50~60분	설계도 완성 → 제작 → 발표 → 친구 질문 응답 → 평가	사고의 문자화+시각화+협력 기반 확장
수업 인원과 운영 특장점			
● 1~3인 수업 : 학생 1명에 사고 구조화 훈련과 집중 피드백 가능. 자기 주도 훈련에 최적화.			
● 4~6인 수업 : 토의·질문·피드백을 자연스럽게 구성. 발표+비판적 사고의 균형 잡힌 훈련 가능.			
● 7~12인 수업 : 역할 나누기, 팀 기반 시나리오 설계 등 협력 중심 융합 프로젝트 운영에 적합.			

3. 통일된 사고 프레임

이 교재의 강점은 주제가 달라도 사고의 과정이 통일되어 있다는 점입니다. 학습자는 어떤 내용을 배워도 '문제 인식 → 기능 설계 → 시나리오 쓰기 → 설계도 작성 → 제작 → 발표와 응답'이라는 과정을 반복적으로 훈련하게 됩니다. 모든 과정은 학생 스스로 논리적으로 구성해서 말로 설명하는 힘을 기르도록 합니다.

단계	핵심 활동 예시
문제 인식	화산이 분화하기 전에 땅 위에 어떤 변화가 나타날까?
기능 설계	온도·가스·진동을 감지하는 장치를 만드는 데 필요한 핵심 기능은 뭘까?
시나리오 구성	지진 감지 → 온도 센서 → 경보 → 불빛으로 이어지는 시나리오 쓰기
설계도 작성	기능별 위치와 연결을 화살표로 그리며, 말풍선과 색상으로 기능 설명 추가
발표와 질문 응답	왜 깃발을 가장 먼저 설치했나요? → 시작 신호가 가장 중요하니까요.

4. 통일된 AI 기반 루브릭 평가 체계

이 교재는 학생이 얼마나 논리적·창의적·기능적 사고력을 발휘하고 반입체로 시각화했는지 평가합니다. 결과물뿐 아니라 사고의 구조, 과정, 표현, 참여 태도까지 반영한 루브릭이 제시되어 있습니다. 상호 평가와 교사 평가를 모두 반영할 수 있습니다. 루브릭과 시나리오, 설계도, 결과물 사진(좌우 측면 포함), 교사 평가 등을 AI에 입력하면 정량 평가가 가능합니다.

항목	평가 기준 질문
과학 개념 이해	기능과 설명에 과학 개념이 정확히 반영되었는가?
기능 흐름 완성도	기능이 논리적으로 연결되고, 문제 해결 과정이 자연스러운가?
시각 표현력	설계도 안에 위치·연결·설명이 시각적으로 명확히 표현되었는가?
발표력	시나리오를 조리 있게 말하고, 친구의 질문에 응답했는가?
참여·협력 태도	수업에 집중하고 친구와 협력하며 피드백을 주고받았는가?

5. 누가 교재를 사용할 수 있나

이 교재는 과학·기술 중심 교과뿐 아니라 미술, 창의성, 디자인 수업 등 다양한 교육 영역에서 유연하게 활용 가능합니다. 정규 수업, 방과후 프로그램, 미술 학원, 영재 교육 기관, 가정 수업 등에서 모두 사용할 수 있습니다.

환경 유형	활용 방식 예시
정규 초등 수업	과학, 창의적 체험 활동, 통합 교과, 융합 프로젝트 수업
방과후·돌봄 프로그램	주제 중심 수업, 표현 발표 수업, 융합 창의 활동 구성
미술 학원·창의 미술	설계도 기반 표현 미술, 말풍선 구성 활동, 조형 훈련
과학·영재 교육 기관	STEAM+발표+설계+평가 융합 수업(사고·표현 통합형 훈련)
가정·홈스쿨링	활동지와 해설지 기반 자기 주도 학습, 가족과 함께하는 놀이 발표 수업
창업형 교육 기관	STEAM, AI 융합, 발명, 문제 해결 중심 교육 콘텐츠로 활용

6. 루브릭 연계된 활동지와 해설지

이 교재는 현장에서 교사가 수업을 어떻게 운영하고 학생이 어떻게 참여할 수 있는지 안내하는 활동지와 해설지를 함께 제공합니다. 활동지는 모든 활동을 문제 제기, 기능 탐구, 설계, 제작, 발표로 이어지는 공통 구조에 맞춰 제시됩니다. 각 단계에는 교사가 활용할 수 있는 기능(또는 조건)과 시나리오 예시, 질문 예시가 함께 담겨 있습니다. 교사는 이를 바탕으로 구현할 기능 또는 조건을 더하거나 빼는 방법으로 학년 눈높이(1~6학년)에 맞춰 수업을 조정할 수 있습니다.

학생 활동지는 해설지와 긴밀히 연결되어 있습니다. 활동지에는 문제 인식, 아이디어 기록, 설계도 작성, 제작과 발표 등 학습의 전 과정이 담겨 있는데, 평가 루브릭과 그대로 이어집니다. 예를 들어 활동지에서 설계도를 구체적으로 그린 학생은 루브릭의 '기능 구성과 흐름 완성도'의 창의성 항목에서 높은 평가를 받을 수 있고, 조별 발표 과정은 '설명력과 발표 참여' 항목과 연결됩니다. 이처럼 활동지는 학생의 사고 과정을 드러내는 기록지가 되고, 루브릭은 교사가 학습 과정을 평가하는 도구가 됩니다. 학생은 루브릭을 통해 자기 학습을 점검하고 보완 방향을 스스로 찾을 수 있습니다.

제작 활동을 좋아하지 않는 학생들에게는 스토리만 읽히거나 활동지에 나온 내용을 그림 또는 설계도로 표현하는 방법도 있습니다. 어떤 경우에도 활동 시나리오를 글로 정리하거나 이야기로 나타내도록 하면 유익합니다.

해설지의 준비물과 제작 방법은 하나의 예시에 불과하므로, 교사는 학급의 상황과 수업 목표에 따라 재료를 대체하거나 절차를 조정할 수 있습니다. 학생도 제시된 지침을 그대로 모방하기보다, 자신이 구상한 새로운 기능이나 구조를 추가해 변형할 수 있습니다. 따라서 동일한 활동이라도 교사와 학생의 선택과 시도에 따라 다양하게 확장되며, 수업은 획일적인 틀을 벗어나 풍부하게 전개됩니다.

이러한 구조는 교사에게는 수업 운영의 자율성과 전문성을, 학생에게는 창의적 탐구와 자기 주도 학습의 기회를 넓혀 줍니다.

7. 마무리

이 교재는 학생 스스로 문제를 과학적으로 인식하고, 문제 해결에 필요한 기능 설계와 기능 구현하기, 발표와 피드백에 이르기까지 일련의 과정이 담긴 사고 설계 시스템입니다. 이 교재를 활용하면 교사는 수업 설계가 쉬워지며, 학생은 생각을 정리하고 표현하는 힘을 기를 수 있습니다. 수업은 자연스럽게 창의성을 갖추게 됩니다. AI 시대에 필요한 교육은 정답 찾기 공부가 아니라, 문제를 스스로 인식하고 해결하는 사고의 구조화를 훈련하는 공부입니다.

너무 뜨거움 너무 차가움

진공

공기가 남아 있을 수 없어요!

Chapter

3

우주의 과학적 원리 2

달에서 보는
하늘은 어떤 색일까

구름 한 점 없이 맑은 날 하늘을 보면 파랗지. 자, 그럼 눈을 감아 봐. 아무것도 보이지 않고 까맣지. 왜 그럴까? 눈을 감으면 눈꺼풀이 빛을 막아서 그래. 사람은 빛을 통해 세상을 보잖아.

그런데 달에서 낮에 하늘을 보면 무슨 색일까? 답은 눈을 감았을 때처럼 '검다'야. 먹구름이 끼어서 그런 건 아니야. 달에는 공기가 없어서 그래. 달은 끌어당기는 힘(중력)이 약해 공기를 붙잡아 둘 수 없어. 달이 물체를 끌어당기는 힘은 지구의 6분의 1쯤이야. 공기가 없으면 구름도 없고, 비나 눈도 오지 않으며, 바람도 불지 않아.

■ 우주에서 찍은 달과 지구, 태양의 모습.

■ 미국의 아폴로 11호 우주인들이 1969년 7월 20일 인류 최초로 달에 내려선 모습.

지난번에 달에는 공기가 없어 소리가 전달되지 않는다고 했지. 그래서 다른 사람과 말을 하려면 무전기 등 통신 장치가 필요하다고 말이야(라디오 주파수 이용). 달에는 물도 없어. 공기가 없어서

기압이 없는 데다 한낮의 온도가 섭씨 120도나 되기 때문에 물이 금세 끓어서 수증기로 변해 우주로 날아가 버리기 때문이지.

그런데 공기가 없는 것과 하늘이 파랗게 보이는 것이 무슨 관계가 있냐고? 지구로 오는 햇빛은 원래 빨강부터 주황, 노랑, 초록, 파랑, 남색, 보라까지 무지개색이 모두 섞여 있어. 그런데 햇빛이 지구에 닿으면 공기층을 뚫고 들어오다가 공기 알갱이에 부딪히면서 사방으로 흩어지게 되지.

우주에서 본 지구야.

■ 아폴로 8호에 탄 우주인들.

　이때 하늘이 파랗게 보이는 이유는 빨강이나 주황보다 보라와 파랑 빛이 더 많이 흩어지면서 나머지 색은 가려져서 그래. 그럼 보라색 빛은 어디로 가고 파랗게 보이냐고? 사람의 눈에는 보라보다는 파랑 빛이 더 잘 보이기 때문이야.

　1968년 12월 24일 미국의 우주선 '아폴로 8호'에 탄 우주인들이 달 주위를 돌면서 찍은 '떠오르는 지구' 사진을 봐. 아폴로 8호는 아폴로 11호의 달 착륙에 대비하려고 쏘아 올렸지. 이 사진은 세계의 네티즌들이 '20세기 최고의 천체 사진'으로 뽑았어. 사진에 나온 것처럼 달에서 본 하늘은 온통 검은색뿐이야.

이런 뜻이에요

네티즌 인터넷을 이용하는 사람.
20세기 1901년부터 2000년까지 100년의 기간.
천체 우주에 있는 모든 물체.

'떠오르는 지구'는 또한 인류 최초로 우주에서 본 지구의 모습이야. 어둠 속에 반쯤 잠겨 있는데, 푸른 물결이 치는 듯한 매력적이고 아름다운 모습이지. 지구가 습기를 머금은 공기에 둘러싸여 있기 때문에 그런 거야. 크기도 지구에서 보

■ 아폴로 8호의 우주인들이 찍은 '떠오르는 지구(지구돋이)' 사진.

는 달보다 네 배(3.67배)쯤 크게 보여. 지구의 덩치가 달보다 그만큼 더 크기 때문이야.

그런데 달에서 보는 지구는 뜨거나 지지 않고 같은 곳에 그대로 있을 뿐이야. 그리고 달은 지구에게 언제나 같은 면만 보여 주지. 달이 지구를 도는 공전 시간과 스스로 한 바퀴 도는 자전 시간이 약 한 달로 똑같기 때문이야.

지구에서 본 달이야.

 **지구-달 하늘 색 비교 판 만들기**

🍀 활동 목표

✽ 지구와 달의 하늘 색이 다른 이유를 과학적으로 이해한다.
✽ 빛의 산란과 공기 유무가 하늘 색에 주는 영향을 설명할 수 있다.
✽ 하늘 색 차이를 설명할 요소를 선택하고, 창의적 요소를 설계한다.
✽ 하늘 색 비교 판을 시각적으로 표현하고, 색이 어떻게 바뀌는지 시나리오로 설명한다.

🍀 수업 전 배경과 개념 설명

✽ **빛의 산란** 빛이 공기 입자에 부딪혀 여러 방향으로 흩어지는데, 파란 빛이 가장 잘 퍼짐.
✽ **공기의 역할** 공기가 있어야 빛이 흩어짐. 없으면 빛이 그대로 지나간다.
✽ **달의 대기** 달은 중력이 약해서 공기를 붙잡지 못해 하늘이 까맣게 보임.
✽ **하늘의 색** 지구는 공기 때문에 하늘이 파랗고, 달은 공기가 없어 하늘이 검게 보임.
✽ **빛의 구성** 햇빛은 여러 색으로 이루어져 있고, 그중 파란 빛이 가장 잘 보임.

🍀 수업 활동

1) 문제 인식과 분석

도입 발문	지구에서는 하늘이 파란데, 달에서는 왜 까맣게 보일까? / 태양은 똑같은데 왜 지구와 달의 하늘 색은 다른 걸까? / 하늘 색은 무엇에 따라 달라질까?
활동지 칸	지구와 달의 하늘 색이 왜 다른지 비교하며, 공기와 빛의 산란 차이를 색으로 표현해 보고, 그 이유를 친구와 함께 이야기해 보는 활동입니다.

2) 기능 구성하기+시나리오 쓰기

• 아래 기능 중 3~4개를 고르고, 내가 만든 창의적 기능 1개도 추가해서 그 기능이 왜 필요한지 적어 보세요. 또 이 기능들이 어떤 순서로 작동하는지 짧은 시나리오로 연결해 보세요.

항목	설명
파란 하늘(지구)	공기 입자가 파란빛을 산란시켜 하늘이 파랗게 보여요.
검은 하늘(달)	공기가 없어 빛이 산란되지 않기 때문에 하늘이 까맣게 보여요.
산란 화살표	햇빛이 공기 입자를 만나 여러 방향으로 퍼지는 모습이에요.
공기 알갱이 점	지구 쪽에 점을 배치해 공기의 존재를 표현해요.
내가 만든 기능	별빛 강조 점 → 달은 낮에도 별이 잘 보여서 별 아이콘을 넣었어요.
시나리오 예시	지구는 공기가 있어서 파란빛이 여러 방향으로 퍼지며 하늘이 파랗게 보여요. 그러나 달에는 공기가 없어서 빛이 퍼지지 않고 하늘이 까맣게 보여요. 그래서 지구는 파란색으로 표현하고, 달은 검은색과 낮에도 보이는 반짝이 별 아이콘으로 표현했어요.

3) 설계도 그리기

• 지구의 하늘과 달의 하늘을 가로로 나눠 두 부분으로 구분해 그려 보세요. 말풍선, 색, 아이콘 등을 다양하게 활용해 각 기능의 역할을 더 쉽게 나타내 보세요.

표현 예시	① 파란 하늘(공기 때문에 파란빛이 퍼져요.)　　　② 검은 하늘(공기가 없어 빛이 그냥 지나가요.) ③ 산란 화살표(햇빛이 여러 방향으로 퍼지는 모습을 보여 줘요.) ④ 별빛 점 강조(공기가 없는 달에서는 하늘이 어두워 낮에도 별이 보여요.)

4) 발표와 친구 질문 응답

발표 항목	예시 문장
비교 판 이름	'지구와 달의 하늘 색 비교 지도'예요.
내가 고른 기능	파란 하늘, 검은 하늘, 산란 화살표, 공기 알갱이 점을 선택했어요.
내가 만든 기능	달은 낮에도 별이 잘 보여서 반짝이는 별 아이콘인 '별빛 강조 점'을 넣었어요.
시나리오 요약	지구는 공기 덕에 파란빛이 퍼지고, 달은 공기가 없어 빛이 퍼지지 않아 하늘이 어두워요.
친구 질문과 응답	달은 낮인데 왜 하늘이 까매요? → 공기가 없어서 빛이 산란되지 않아서요.

🍀 교사용 지도 포인트

단계	유도 질문 예시
문제 인식	왜 지구 하늘은 파랗고 달 하늘은 까맣게 보일까? / 빛은 하늘 색과 어떤 관련이 있을까?
기능 구성	어떤 기능이 하늘 색을 바꿨니? / 어떤 역할을 했을까?
내가 만든 기능	너만의 기능은 어떤 뜻이 있었니? / 왜 그걸 넣었니?
시나리오 구성	하늘 색이 달라지기까지 어떤 순서로 바뀌었니? / 지구와 달은 어떻게 달랐니?
발표 유도	친구와 비교해 뭐가 달랐니? / 너의 표현이 왜 특별했니?

🍀 지구-달 하늘 색 비교 판 만들기 STEAM 활동 평가 루브릭

평가 항목	평가 루브릭			
	5점(매우 우수)	4점(우수)	3점(보통)	2점 이하(미흡)
과학 개념 이해(빛의 산란, 공기, 하늘 색, 직진과 산란 비교)	빛의 산란과 공기 유무 개념을 4개 이상 정확히 이해하고, 하늘 색 차이와 이유를 비교 판에 명확하고 구체적으로 반영함	주요 개념이 기능 구성이나 설명에 비교적 자연스럽고 명확히 포함되어 있음	일부 개념은 표현되었지만 설명이 짧거나 기능 연결이 다소 약하게 드러남	개념 이해가 부족하고 비교 과정과의 연결이 잘 이루어지지 않음
기능 구성과 흐름 완성도(기능 구성+내가 만든 기능+기능 연결+창의적 설계)	기능들이 하늘 색 비교 목적에 맞게 논리적으로 잘 연결되어 있고, 내가 만든 기능도 창의적이고 의미 있게 통합되어 있음	기능 작동 순서가 대체로 타당하며, 창의적 기능도 자연스럽게 포함되어 있음	기능은 있지만 연결이 다소 단순하거나 창의 기능에 대한 설명이 부족함	기능이 나열만 되었고, 순서와 연결 설명이나 창의적 기능이 전혀 보이지 않음
시각 표현과 설계도 완성도(기능 위치, 설명, 구조 표현, 색·화살표 사용)	기능과 하늘 색 차이가 색상, 화살표, 말풍선 등으로 명확히 표현되어 있고, 전체 구조가 시각적으로 매우 잘 구성됨	대부분 시각 요소가 적절히 표현되고, 기능 설명과도 자연스럽게 잘 연결됨	시각 자료는 있으나 순서와 연결 설명이 부족하고 구조 구성 표현이 모호함	그림만 있고 설명이 거의 없으며 순서와 연결 방식, 전체 구조 표현이 불분명
설명력과 발표 참여(시나리오 설명+친구 질문 응답)	하늘 색 차이와 요소 작동 순서를 조리 있게 설명하고, 친구의 질문에도 과학 개념을 바탕으로 논리적으로 잘 응답함	설명의 흐름이 비교적 자연스럽고, 친구의 질문에도 대부분 성실히 응답함	설명이 짧거나 단편적이며 친구의 질문에 대한 응답도 대체로 제한적임	발표가 소극적이며 설명이나 응답이 부족해 전체적인 흐름이 자주 끊김
참여 태도와 협력성(활동 집중도+친구와의 협력)	활동에 적극 참여하고 비교 판 설계에 집중했으며 친구와의 소통과 협력도 활발히 이루어짐	성실히 참여하고 협력과 피드백도 비교적 잘 이루어짐	활동에는 참여했지만 집중도나 협력 태도가 다소 부족함	활동이 소극적이고 친구와 소통이나 협력이 거의 없었음

※총점 기준 해석표(총 25점)
★23~25점 : 매우 우수 ★19~22점 : 우수 ★15~18점 : 보통 ★10~14점 : 미흡 ★1~9점 : 매우 미흡

밤하늘은 왜 깜깜할까

하늘에 보이는 해나 별의 모습은 현재 있는 그대로의 모습일까. 답은 '아니다'야. 태양은 8분 20초 전의 모습이고, 지구와 가장 가까운 별(알파 센타우리)도 약 4년 4개월 전의 모습이지. 그러니까 지금 보는 밤하늘은 까마득한 옛날 모습이란 말이야.

사람은 빛을 통해 세상을 보잖아. 깜깜한 밤에 사물을 볼 수 없는 이유지. 그런데 소리가 움직이는 데 시간이 걸리듯, 빛도 움직이려면 시간이 걸려. 소리는 1초에 약 340미터의 빠르기로 이동하지. 누군가 지오몽과 340미터 떨어진 곳에서 소리치면, 지오몽은 1초 뒤에나 그 소리를 들을 수 있다는 말이야.

빛은 소리보다 훨씬 빨라서 1초에 30만 킬로미터를 달려. 지구를 일곱 바퀴 반이나 도는 빠르기야. 태양은 지구에서 1억 5000만 킬로미터쯤 떨어져 있어. 그러니까 태양빛이 달려오는 속도로 계산하면 지구까지 8분 20초가 걸리지. 8분 20초 전에 태양이 사라져도 지구에서는 그대로 있는 것처럼 보인다는 말이야.

자, 이쯤에서 지오몽이 밤하늘은 왜 깜깜한지 물어볼게. 태양이 지니까 빛이 사라져서 깜깜한 거라고? 그럼 다시 물어볼게. 지오몽이 태양에서 하늘을 바라보면 밝게 빛날까? 아니야. 지구에서 밤하늘을 보는 것처럼 깜깜하게 보여.

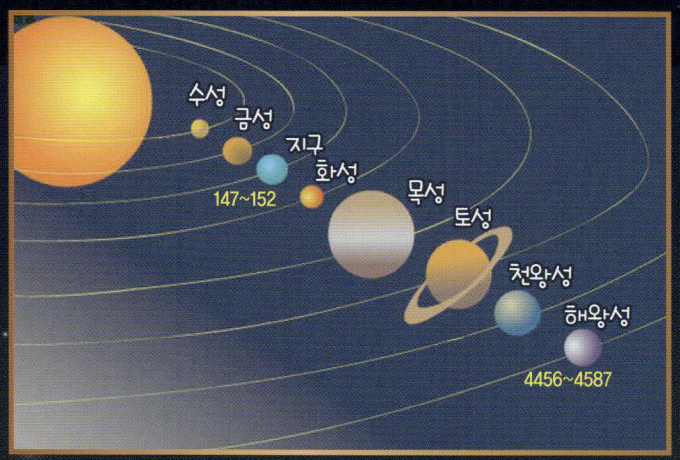

단위 : 백만 킬로미터

밤하늘의 별은 모두 태양처럼 스스로 빛을 내는데, 왜 깜깜하게 보일까. 참고로 말하면 태양이 속한 우리은하에만 태양과 같은 별이 2000억 개가 넘고, 우주 전체에는 우리은하 같은 은하가 1000억 개가 넘는데 말이야. 과학자들이 계산해 봤는데, 이들 별이 그대로 빛나면 밤하늘은 지금 태양의 밝기보다 15만 배나 더 밝아야 한대.

우주는 사방으로 끝없이 펼쳐져 어디서든 별빛을 고르게 받게 되므로 똑같이 밝아야 하거든. 이 비밀은 미국의 천문학자인 에드윈 허블(1889~1953)이 풀어 줬어. 허블은 1929년 모든 은하가 지구에서 아주 빨리 멀어진다는 사실을 알아냈지.

■ 미국의 나사가 우주를 관측하기 위해 1990년 쏘아 올린 허블 우주 망원경. 미국의 천문학자 허블의 이름을 따서 지었다.

■ 우리은하와 태양계의 모습.

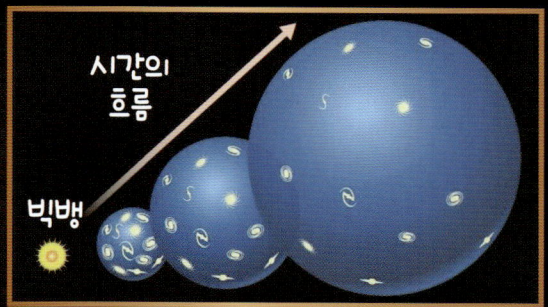

시간의
흐름

빅뱅

138억 년 전 우주가 빅뱅(대폭발)을 일으켜 만들어진 뒤, 지금까지도 풍선처럼 계속 팽창하기 때문이란 거야. 망원경으로 보면 우주에는 빈 공간이 많아. 눈에 보이지 않는 공간의 반대편이 지구와 너무 멀어서, 그곳의 별빛이 아직 지구에 오지 못했다는 말이지.

그리고 멀리 떨어진 별일수록 지구와 멀어지는 속도가 빛의 속도에 가까워서 별빛이 지구에 도달하지 못했대. 또 별과 별 사이의 거리도 멀어지면서 빛이 없는 공간은 더욱 커지고 있어. 그래서 지구에서 밤하늘을 볼 때 검게 보이는 거야. 다행인 점은 별이 서로 멀어지지 않았다면 너무 뜨거워 지구에서 생명체가 살 수 없었을 거야.

빛이 도착하는 시간 지도 만들기

🍀 활동 목표

* 빛의 이동에도 시간이 걸린다는 사실을 과학적으로 이해한다.
* 천체의 거리에 따라 관측되는 모습이 '과거의 빛'이라는 개념을 익힌다.
* 다양한 천체의 거리와 빛 도착 시간을 비교하여 시각적으로 표현한다.
* 빛의 이동과 시간의 흐름을 그림과 이야기로 연결해 창의적으로 표현한다.

🍀 수업 전 배경과 개념 설명

* **빛의 속도** 1초에 30만 킬로미터. 지구 7.5바퀴를 돌 수 있는 속도다.
* **광년** 빛이 1년 동안 가는 거리. 천체까지의 거리 단위다.
* **태양–지구 거리** 약 1억 5000만 킬로미터. 빛이 8분 20초 걸려 도달한다.
* **알파 센타우리** 태양계 밖에서 가장 가까운 천체. 빛은 4.3년 전 출발했다.
* **빛의 과거성** 멀리 있는 천체일수록 더 오래전에 출발한 빛을 보고 있음.

🍀 수업 활동

1) 문제 인식과 분석

도입 발문	지금 보는 천체의 빛은 진짜 '지금'일까요? / 빛이 도착하는 데 시간이 걸린다면, 현재 보는 건 언제의 모습일까요? / 지금 보는 별빛은 얼마나 오래된 빛일까요?
활동지 칸	태양과 별빛의 지구 도달 시간을 바탕으로 '빛의 시간 지도'를 만드는 활동입니다. 거리와 시간 차이를 이야기로 구성하고, 각 천체의 빛 출발 시점을 쉽게 보여 주세요.

2) 천체 배열하기 +시나리오 쓰기

• 아래 천체 중 3~4개를 고르고, 내가 만든 천체 1개도 추가해서 그 시간이 왜 필요한지 적어 보세요. 또 빛이 지구에 도착하기까지 어떤 시간 차이가 있는지 이야기로 연결해 보세요.

항목	설명
태양	1억 5000만 킬로미터 거리 → 빛이 8분 20초 전 출발했어요.
달	약 38만 킬로미터 거리 → 빛이 1.3초 전 출발했어요.
알파 센타우리	약 4.3광년 거리 → 빛이 4.3년 전 출발했어요.
안드로메다 은하	약 250만 광년 거리 → 공룡이 멸종하고 나서 6350만 년 뒤에 출발했어요.
내가 만든 천체	우주 구름 B57 → 6600만 광년 거리. 공룡이 멸종할 무렵에 출발했어요.
시나리오 예시	빛의 시간 지도를 만드는데, 달빛은 1.3초 전, 태양빛은 8분 20초 전에 출발했어요. 알파 센타우리는 4.3년 전, 안드로메다는 공룡 멸종 이후 6350만 년이 지나서 빛을 보냈지요. '우주 구름 B57'은 공룡 멸종 무렵에 출발했어요. 지금 우리는 모두 과거의 빛을 보고 있어요.

3) 설계도 그리기

• 지구를 중심에 두고, 원을 그려 천체들을 거리 순으로 배치해 보세요. '우주 구름 B57'을 포함해 말풍선에 빛이 언제 출발했고, 그때 지구에 어떤 일이 있었는지 써 보세요.

표현 예시	① 태양(8분 20초 전 출발한 빛이에요.) ② 달(1.3초 전 출발했어요.) ③ 알파 센타우리(4.3년 전 빛이에요.) ④ 안드로메다 은하(공룡이 멸종하고 6350만 년 지나서 출발했어요.) ⑤ 우주 구름 B57(공룡 멸종 무렵 6600만 년 전 출발했어요.)

4) 발표와 친구 질문 응답

발표 항목	예시 문장
지도 이름	'빛의 시간 여행 지도'예요.
내가 고른 천체	태양, 달, 알파 센타우리, 안드로메다 은하를 선택했어요.
내가 만든 천체	공룡 멸종 시기인 6600만 광년 떨어진 천체의 빛인 '우주 구름 B57'를 넣었어요.
시나리오 요약	태양빛은 8분 20초 전, 알파 센타우리는 4.3년 전, 내 천체는 공룡 멸종 때 출발했어요.
친구 질문과 응답	그 천체는 지금도 있을까? → 없을 수도 있지만 지금 그때 빛을 보고 있어요.

❖ 교사용 지도 포인트

단계	유도 질문 예시
문제 인식	지금 보이는 별빛은 진짜 지금일까? / 빛은 언제 출발했을까?
천체 구성	어떤 빛이 제일 오래 걸렸을까? / 가장 가까운 천체는 뭘까?
내가 만든 천체	너만의 천체는 왜 만들었니? / 얼마나 멀리 떨어져 있니?
시나리오 구성	오래된 빛은 어떤 이야기일까? / 어떻게 시간순으로 연결했니?
발표 유도	친구의 지도와 뭐가 달랐니? / 가장 놀라웠던 점은 뭐였니?

❖ 빛이 도착하는 시간 지도 만들기 STEAM 활동 평가 루브릭

평가 항목	평가 루브릭			
	5점(매우 우수)	4점(우수)	3점(보통)	2점 이하(미흡)
과학 개념 이해(빛의 속도, 광년, 도착 시간, 빛의 과거성)	빛의 속도, 광년, 거리-시간 개념을 정확히 이해하고, 천체별로 빛의 도착 시점을 시간에 따라 지도에 구체적으로 반영함	주요 개념이 지도의 배열이나 말풍선 설명에 비교적 잘 드러나 있음	개념의 일부는 표현되었지만 설명이 짧거나 흐름의 연결이 약함	개념 이해가 부족하거나 지도와 설명이 따로 놀아서 이해하기 어려움
천체 구성과 흐름 완성도(천체 배열+내가 만든 천체+거리·시간 표현+창의적 설계)	천체를 거리 순으로 배열하고, 내가 만든 천체도 창의적으로 설계해 전체의 흐름에 자연스럽고 논리적으로 통합됨	거리와 시간의 흐름이 대부분 타당하고, 창의적 요소도 잘 포함됨	천체는 나열되었지만 순서의 설명이나 창의적 요소의 표현이 약함	단순한 나열에 그치고, 시간 순서의 설명이나 창의적 설계가 거의 없음
시각 표현과 설계도 완성도(천체 배열, 거리-시간 관계, 색상, 말풍선)	거리, 출발 시기, 도착 시간이 색상, 말풍선, 화살표 등으로 명확히 표현되고 시각 구조가 전체적으로 잘 구성되어 있음	대부분의 시각 요소가 적절히 들어 있으며 설명과도 잘 연결됨	시각 요소는 있으나 구조 설명이 부족하거나 다소 약하게 표현되어 있음	그림만 있고 설명이 거의 없으며 전체적인 흐름 파악이 매우 어려움
설명력과 발표 참여(시나리오 설명+친구 질문 응답)	천체 배열과 빛 도착 순서를 조리 있게 설명하고, 친구의 질문에도 과학 개념을 바탕으로 비교적 논리적으로 응답함	설명이 짧지만 비교적 자연스럽고, 친구의 질문에도 대부분 잘 응답함	설명이 단편적이며, 친구의 질문에도 전반적으로 응답이 제한적으로 나타남	발표가 소극적이며 설명과 응답이 전반적으로 부족해 흐름이 끊김
참여 태도와 협력성(활동 집중도+친구와의 협력)	활동에 집중하며 지도를 성실히 잘 완성했고, 친구와 협력하며 피드백도 활발하게 주고받음	성실히 참여했고 협력과 소통도 비교적 잘 이루어짐	활동에는 참여했지만 집중이나 협력 태도가 부족했음	소극적으로 참여하고 협력과 소통이 거의 없었음

※총점 기준 해석표(총 25점)
★23~25점 : 매우 우수 ★19~22점 : 우수 ★15~18점 : 보통 ★10~14점 : 미흡 ★1~9점 : 매우 미흡

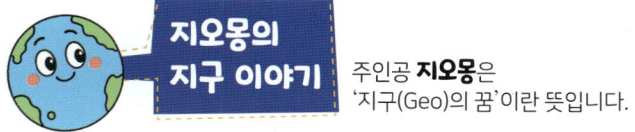

왜 우주에는 공기가 없을까

공기는 눈에 보이지 않지만 사람이 사는 데 필요해. 공기가 없으면 숨을 쉴 수 없지. 공기는 질소(약 78퍼센트)와 산소(약 21퍼센트)가 대부분이야. 이산화탄소나 수증기 같은 기체도 조금 들어 있지. 천체에 공기가 있으려면 중력이 필요해. 공기를 이루는 기체는 가볍기 때문에, 중력이 없으면 우주로 날아가 버려.

너무 뜨거워도 움직이는 속도가 빨라져 우주로 날아가고, 너무 차가워도 액체가 되거나 얼어붙게 돼. 식물이나 화산 폭발, 미생물처럼 기체를 만들어 내는 공급원도 있어야 해. 이들 조건이 갖춰져야 공기가 생기고, 생명체가 살 수 있는 거야.

공기가 있으려면

따뜻한 온도

기체 공급원

중력

이런 뜻이에요

78퍼센트 전체를 100부분으로 나누었을 때 78부분을 의미.
미생물 식물처럼 빛을 이용해 양분을 만드는 과정에서 산소를 내보내는 아주 작은 생물.

너무 뜨거움

너무 차가움

진공

공기가 남아 있을 수 없어요!

우주는 대부분 텅 비어 있는 진공 상태야. 공기를 붙잡을 만큼의 중력이 있는 천체가 거의 없다는 거지. 지구처럼 크고 무거운 천체가 있어야 중력이 세서 공기를 붙잡을 수 있어. 또 우주에는 숨쉬는 생명체나 화산 폭발처럼 기체를 내보내는 활동도 거의 없어. 공기가 생기기 어려운 환경인 거야. 그래서 우주에서는 숨쉴 수도 없고, 소리도 들리지 않아. 소리는 공기를 통해 전달되잖아.

공기가 없으면 열을 머금거나 내보내는 일을 할 기체가 없어 기온 조절이 안 돼. 햇빛이 닿는 곳은 섭씨 100도가 넘고, 햇빛이 없는 곳은 영하 150도 이하로 떨어져.

지구에 처음부터 공기가 있었던 건 아니야. 약 46억 년 전 지구가 처음 생겼을 때는 표면이 아주 뜨겁고 대기가 거의 없었어. 그 뒤 화산이 계속 폭발하면서 수증기와 이산화탄소, 질소 같은 기체가 나왔지. 이들 기체가 점점 모여서 지구를 둘러싼 대기층을 만들기 시작했어.

공기 없음

수증기
이산화탄소

산소
O_2

산소
O_2

시간이 흐르면서 바다가 생기고, 미생물과 식물 등 생명체가 나타나 산소도 늘어났지. 특히 식물이 햇빛을 받아 양분을 만들면서 공기에 산소를 불어넣었어. 지구는 중력이 강해 우주로 달아나는 공기를 붙잡아 둘 수 있었던 거야. 태양과도 거리가 적당해 너무 덥거나 춥지도 않아.

금성

두꺼운 이산화탄소 층   섭씨 400도   생물체 없음

　지구 말고도 태양계에 공기를 가진 천체는 몇 개 더 있어. 금성은 아주 두꺼운 공기층이 있는데, 그 안에는 이산화탄소가 가득해. 이산화탄소가 열을 가두기 때문에 기온이 너무 높아서, 사람이 살 수는 없어. 화성에도 얇은 대기층이 있기는 해. 그런데 여기도 이산화탄소가 대부분이어서 숨쉴 수 없어.

　타이탄이라는 곳은 토성의 위성인데, 지구처럼 공기에 질소가 많아. 문제는 너무 추워서 생명체가 살기 어렵다는 거야. 지구처럼 숨쉴 수 있는 산소가 풍부하고, 기온이 적당한 천체는 지금까지 발견되지 않았어. 그래서 과학자들은 지구를 특별한 행성이라고 하는 거야.

이런 뜻이에요
토성 태양계에서 두 번째로 큰 행성. 지구보다 약 9배 크고, 위성은 145개(국제 천문 연맹 기준)이며, 주로 수소와 헬륨으로 이루어져 있다.

🍀 활동 목표

* 지구는 어떻게 대기를 가지게 되었는지 과학적으로 이해한다.
* 대기 형성에 필요한 조건(중력, 거리, 온도, 기체 공급원)을 찾아낸다.
* 조건을 활용해서 가상의 대기 행성을 설계한다.
* 설계한 대기의 역할과 특징을 설명하고, 다른 친구와 비교 발표한다.

🍀 수업 전 배경과 개념 설명

* **대기** 행성을 둘러싼 기체 층. 공기와 비슷하지만 기체의 종류는 다를 수 있다.
* **중력** 기체를 붙잡는 힘. 행성이 클수록 중력이 커서 대기를 유지할 수 있다.
* **온도** 너무 뜨거우면 기체가 날아가고, 너무 차가우면 얼어붙는다.
* **기체 공급원** 화산, 미생물, 식물 등이 기체를 만들어 대기를 채운다.
* **태양과의 거리** 가까우면 기체가 날아가고, 멀면 얼어붙음. 지구는 적당한 거리에 있다.

🍀 수업 활동

1) 문제 인식과 분석

도입 발문	지구에는 왜 대기가 있을까요? / 대기를 만들려면 어떤 조건이 필요할까요? / 다른 행성에 우리가 직접 대기를 만들 수 있을까요?
활동지 칸	이 활동은 대기가 없는 행성에 우리가 직접 조건을 설정해 대기를 만들어 보는 상상 실험입니다. 행성의 중력, 거리, 기체 공급원 등을 생각해서 대기를 설계해 봅니다.

2) 조건 구성하기+시나리오 쓰기

• 아래 조건 중 3~4개와 내가 만든 조건 1개를 이용해, 각각 어떤 역할을 하는지 자세히 적고, 그 조건들이 함께 작용해 대기가 생기기까지의 과정을 짧은 시나리오로 연결해 보세요.

항목	설명
크기(중력)	행성의 크기가 커서 중력이 강해 기체를 붙잡을 수 있어요.
온도	따뜻해서 물이 기체로 존재할 수 있어요.
태양 거리	태양과 적당한 거리여서 기체가 날아가지 않고 얼지도 않아요.
기체 공급원	화산과 식물이 기체를 내뿜어요.
내가 만든 조건	자외선 흡수 나노 식물 → 태양빛을 받아 산소를 만들어 내요.
시나리오 예시	나는 '바람별 K'를 연구하는 과학자예요. 이 행성은 크기가 커서 기체가 날아가지 않고, 온도도 알맞아요. 화산과 식물에서 나온 기체가 모여 대기가 만들어졌어요. 내가 만든 나노 식물은 자외선을 흡수해 산소를 내뿜었고, 덕분에 생명체가 살 수 있는 환경이 되었어요.

3) 대기 구조 설계도 그리기

• 대기의 아래부터 위까지 구조와 기능을 지도에 나타내 보세요. 각 층의 환경에 맞는 기능과 기체 구성을 그림으로 그리고, 주요 지점엔 말풍선으로 간단히 설명해 보세요.

표현 예시	① 행성 크기(행성이 커서 기체를 붙잡아요.)　　② 태양과의 거리(거리가 적당해서 물이 증발하지 않아요.) ③ 온도 조건(온도가 적당해 생명체가 살아요.)　　④ 기체 공급(화산과 식물이 있어서 대기를 만들어요.) ⑤ 내가 만든 조건(자외선 흡수 나노 식물이 산소를 내뿜어요.)

4) 발표와 친구 질문 응답

발표 항목	예시 문장
행성 이름	제 행성 이름은 '바람별 K'예요.
내가 고른 조건	크기, 온도, 태양 거리, 기체 공급원을 선택했어요.
내가 만든 조건	자외선을 흡수해 산소를 만들어 내는 나노 식물을 만들었어요.
시나리오 요약	'바람별 K'는 크고 따뜻해서 기체가 날아가지 않고, 식물과 화산 덕에 대기가 생겼어요.
친구 질문과 응답	나노 식물은 빛이 없으면 어떡하나요? → 밤에는 저장된 에너지로 산소를 내뿜어요.

🍀 교사용 지도 포인트

단계	유도 질문 예시
문제 인식	지구에 대기가 왜 있을까? / 다른 행성엔 대기가 있을까?
조건 구성	대기를 만들려면 어떤 조건이 필요할까? / 그 조건은 왜 중요할까?
내가 만든 조건	네가 추가한 조건은 무엇인가? / 그 조건이 왜 필요할까?
시나리오 구성	대기가 언제 생겼을까? / 어떻게 형성되었을까?
발표 유도	조건 중 가장 중요한 건 무엇인가? / 친구의 조건과 무엇이 다른가?

🍀 대기 행성 설계하기 STEAM 활동 평가 루브릭

평가 루브릭				
평가 항목	5점(매우 우수)	4점(우수)	3점(보통)	2점 이하(미흡)
과학 개념 이해(중력, 거리, 온도, 기체 공급)	대기 형성에 필요한 조건을 정확히 이해하고, 설계에 논리적으로 잘 반영하며, 조건별로 적절한 설명도 함께 제시함	조건 대부분을 이해하고 표현하며, 설명도 비교적 적절하게 잘 연결함	조건은 표현되었지만 연결이 단편적이거나 설명이 전반적으로 부족함	조건은 있으나 설명이 거의 없고, 대기 형성과의 연결이 불분명함
조건 구성과 흐름 완성도(조건 구성+내가 만든 조건+조건 연결+창의적 설계)	조건이 유기적으로 연결되고, 내가 만든 조건도 창의적으로 포함되며, 시나리오의 전개까지 자연스럽게 충실히 이어짐	조건이 대부분 잘 연결되고, 내가 만든 조건도 자연스럽게 포함되어 있음	조건은 있으나 연결 방식이 단편적이고, 내가 만든 조건 설명이 부족함	조건만 나열되어 있고, 내가 만든 조건이나 창의적인 구성이 드러나지 않음
시각 표현과 설계도 완성도(기체, 배치, 색상, 말풍선)	대기의 구조와 기능이 명확하게 표현되며 말풍선, 위치 구분, 기체 종류 등 시각 요소가 다양하고 완성도 있게 잘 구성됨	구조와 설명이 대부분 적절하고, 시각 요소도 비교적 잘 드러나 있음	일부 설명이나 구성 조건이 부족해 의미를 전달하는 데 어려움이 있음	그림만 있고 기능 설명이 거의 드러나지 않으며, 구성도 미흡함
설명력과 발표 참여(시나리오 설명+친구 질문 응답)	발표에 조리가 있고, 대기의 조건과 시나리오 구성이 자연스럽게 이어지며, 친구 질문에도 논리적이고 창의적으로 잘 응답함	발표가 비교적 충실하고, 친구의 질문에도 대부분 성실히 응답할 수 있음	설명이 짧거나 단편적이고, 친구의 질문 응답도 다소 부자연스러움	발표가 불분명하고, 설명도 단편적이며 친구의 질문에도 응답하지 못함
참여 태도와 협력성(활동 집중도+친구와의 협력)	활동에 적극 참여하고, 조건 구성과 설계를 성실히 완성하며, 친구와 피드백·토론도 활발히 이루어짐	대부분 성실하게 참여하고, 협력도 비교적 잘 이뤄짐	활동은 참여했지만 친구와 상호작용이나 피드백이 약함	활동과 발표에 소극적이며, 협력과 소통이 거의 없음

※총점 기준 해석표(총 25점)
★23~25점 : 매우 우수 ★19~22점 : 우수 ★15~18점 : 보통 ★10~14점 : 미흡 ★1~9점 : 매우 미흡

Chapter

4

우주 탐험과 외계 생명

달이 사라지면
지구는 어떻게 될까

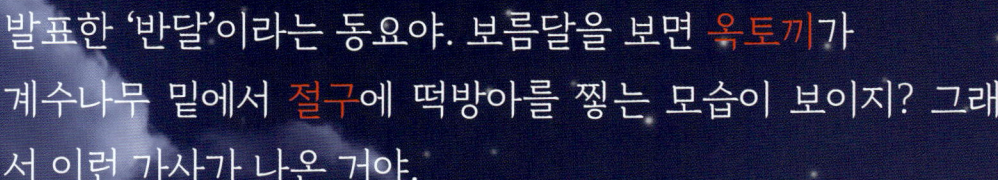

"푸른 하늘 은하수 하얀 쪽배 엔 / 계수나무 한 나무 토끼 한 마리 / 돛대도 아니 달고 삿대도 없이 / 가기도 잘도 간다, 서쪽 나라로."

윤극영(1903~88) 선생님이 1924년에 발표한 '반달'이라는 동요야. 보름달을 보면 옥토끼가 계수나무 밑에서 절구에 떡방아를 찧는 모습이 보이지? 그래서 이런 가사가 나온 거야.

그때는 일본에 나라를 빼앗겨 모두 불행했어. 그래서 어린이들에게 용기와 희망을 주려고 지은 노래야. 달은 깜깜한 밤하늘을 밝히면서 어려운 사람들에게 희망이 되어 주었어. 그런데 그런 달이 갑자기 사라진다면 어떻게 될까.

이런 뜻이에요

돛대 돛을 달려고 배의 바닥에 세운 기둥.
삿대 물이 얕은 곳에서 배를 움직일 때 쓰는 긴 막대.
옥토끼 달에 산다는 털빛이 흰 전설 속 토끼.
절구 곡식을 빻거나 떡을 치기도 하는 기구.

■ 지구는 달이 있기 때문에 기울기를 그대로 유지할 수 있다.

■ 달이 사라지면 남극이나 북극의 빙하는 모두 녹는다.

지구는 비스듬하게(23.5도) 기울어진 채 태양을 돌기 때문에 계절의 변화가 생기잖아. 지구의 동식물은 옛날부터 계절의 변화에 적응하면서 살았지. 그런데 지구의 기울기가 유지되는 까닭은 달이 지구를 돌면서 끌어당기는 힘 때문이야. 달이 없으면 태양과 별이 당기는 힘 때문에 자전축이 흔들릴 수 있어.

달이 없으면 어떻게 되겠어. 끌어당기는 힘이 사라지니까 지구의 기울기도 10~85도까지 크게 흔들릴 수 있대. 그럼 햇빛이 비추는 각도가 달라지면서, 지구의 기후도 서서히 바뀌게 될 거야. 적도는 추워지고, 극지방은 더워질 수도 있어. 이렇게 되면 동식물이 환경에 적응하지 못해 살아남기 어려울 거야.

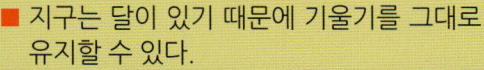

이런 뜻이에요
적도 지구의 남극과 북극에서 똑같은 거리에 있는 곳을 이은 선.
극지방 남극과 북극을 중심으로 한 그 주변 지역.

지구를 당기는 힘이 사라지면 자전 속도가 더 이상 느려지지 않을 거야. 현재 6만 년에 1초씩 느려지고 있잖아. 원래 달이 없을 때 지구의 하루는 8~12시간(대개 11시간으로 봄)이었대. 그때로 돌아가면 하루가 절반으로 짧아져서 생활 모습이 완전히 바뀔 거야.

바닷가의 갯벌도 70퍼센트는 사라질 거래. 갯벌은 달과 지구가 서로 당길 때 밀물과 썰물이 생기면서 만들어지잖아(30퍼센트는 태양의 힘). 달이 당기는 쪽으로 바닷물이 몰리면 밀물이 생기고, 반대쪽에서는 물이 빠지면서(썰물) 갯벌이 드러나지. 그러니 달이 없으면 밀물과 썰물이 거의 사라져서 갯벌도 확 줄어들겠지.

■ 달이 없으면 밀물과 썰물이 줄어서 갯벌이 많이 사라진다.

이런 뜻이에요

밀물 바닷물이 밀고 들어와 물의 높이가 높아지는 일.
썰물 바닷물이 빠져나가 물의 높이가 낮아지는 일.

■ 달은 지구로 날아드는 운석도 끌어당겨
막아 준다.

■ 달빛이 없으면 부엉이 등 주로
밤에 움직이는 동물은 먹이 활
동을 하기 어렵다.

달이 없으면 일부 야행성 동물은 앞을 보기가 불편할 거야. 야행성 동물은 밤에 빛을 많이 받아들이도록 커다란 눈을 가졌지. 눈의 뒤쪽에는 빛을 반사하는 기능이 있어. 그래서 눈으로 받아들인 빛을 모았다가 다시 한 번 쏘아 보내 사물을 뚜렷이 볼 수 있는 거야. 고양이나 부엉이의 눈이 밤에 빛나는 이유는 이 때문이지. 달빛이 없으면 별빛 등 약한 빛에 의존해야 하기 때문에 먹이를 찾거나 천적을 피하는 데 불리해질 거야.

달은 지구 주위를 돌면서 작은 소행성 충돌을 어느 정도 방어하는 역할도 해. 달이 없다면 지구가 충돌 위험에 더 자주 노출되겠지.

이런 뜻이에요
야행성 동물 밤에 주로 활동하는 동물. 박쥐와 이리, 부엉이 등이 있다.

사라진 달 : 생체 리듬 다시 짜기

🍀 활동 목표

* 달이 없던 옛날에는 지구의 자전이 빠르고 하루가 짧아질 수 있음을 이해한다.
* 생물은 생체 리듬에 따라 활동하며, 변화에 적응해야 함을 배운다.
* 하루가 11시간일 때 적응할 수 있는 새로운 생활 시간표를 설계한다.
* 시간표를 시계판이나 도표로 시각화하고, 발표와 질문 응답으로 내용을 정리해 설명한다.

🍀 수업 전 배경과 개념 설명

* **자전 속도** 지구는 달의 중력 덕분에 자전 속도가 안정되는데, 달이 없던 옛날에는 자전이 더 빨랐음.
* **하루 시간** 자전 속도가 빨라지면 하루가 지금보다 짧아져 11시간이 될 수 있음.
* **생체 리듬** 생물은 낮과 밤의 변화에 따라 일정한 활동 주기를 가지고 삶.
* **생활 주기** 수면, 식사, 활동, 휴식은 일정한 간격으로 반복됨.
* **적응과 변화** 환경이 바뀌면 생물도 생활 주기를 조정하며 적응함.

🍀 수업 활동

1) 문제 인식과 분석

도입 발문	달이 없던 때로 돌아가 하루가 11시간으로 짧아진다면 어떤 변화가 생길까요? / 사람과 동물은 어떻게 살아야 할까요? / 새로운 시간표를 어떻게 만들면 적응할 수 있을까요?
활동지 칸	하루가 11시간으로 짧아진 지구에서 생물들이 어떻게 적응하며 살 수 있을지 고민해 보세요. 생체 리듬과 생활 방식에 맞춘 새로운 시간표를 만들어 보는 활동입니다.

2) 활동 구성하기+시나리오 쓰기

• 아래 활동 중 3~4개와 내가 만든 활동 1개를 이용해, 각각 어떤 문제를 해결하는지 쓰고, 하루 동안 어떤 순서로 이어지는지 시나리오로 연결해 보세요.

항목	설명
수면 시간	밤이 짧아진 만큼, 깊게 잘 수 있도록 수면 시간을 조정해요.
식사 시간	식사 횟수와 시간을 나누거나 줄여서 구성해요.
활동 시간	공부, 놀이, 일 등 주간 활동을 알맞게 정리해요.
휴식 시간	활동 중간에 짧은 휴식 시간을 넣어 피로를 줄여요.
내가 만든 활동	빛 보기 훈련 → 낮 시간이 짧아져 빠르게 밝은 빛에 적응해요.
시나리오	낮과 밤이 너무 빨리 바뀌어서 활동 시간을 3번으로 나누고, 식사는 1번만 했어요. 활동 사이에는 피로를 줄이려고 짧은 휴식도 넣었고, 밝은 빛을 빠르게 느낄 수 있도록 빛 보기 훈련도 넣었어요. 잠은 낮에도 한 번 더 자도록 조정해서 덜 피곤했어요.

3) 활동 시간 짜기

• 하루를 11칸으로 나눈 시계판이나 표를 만들고, 수면·식사·활동·휴식을 시간에 맞춰 알맞게 배치해 보세요. 각 활동이 왜 필요한지 색, 말풍선, 그림 등을 활용해 표현해 보세요.

표현 예시	① 0~2시 : 잠자기(깊게 자면서 에너지를 회복해요.) ② 2~5시 : 활동-1(집중해서 일하거나 공부해요.) ③ 5~6시 : 식사(에너지를 보충해요.) ④ 6~9시 : 활동-2(빛 보기, 운동, 창의 활동, 놀이 등을 해요.) ⑤ 9~11시 : 정리(하루를 마무리하며 쉬거나 정리를 해요.)

4) 발표와 친구 질문 응답

발표 항목	예시 문장
시간표 이름	'지오몽 11시간 생활 계획표'예요.
내가 고른 활동	수면, 식사, 활동, 휴식을 선택했어요.
내가 만든 활동	낮에 빨리 적응할 수 있도록 빛 보기 훈련 활동을 만들었어요.
시나리오 요약	밤엔 깊게 자고, 낮엔 활동을 나눴어요. 식사는 1번, 빛 훈련으로 밝은 곳에 빨리 적응했어요.
친구 질문과 응답	왜 식사는 1번만 해요? → 하루가 짧아서 자주 배고프지 않기 때문이에요.

❇ 교사용 지도 포인트

단계	유도 질문 예시
문제 인식	하루가 짧아지면 어떤 일이 생길까? / 생체 리듬은 어떻게 바뀔까?
내가 고른 활동	어떤 활동이 필요했니? / 어떤 활동을 줄였니?
내가 만든 활동	왜 이 활동을 만들었니? / 어떤 문제를 해결하려고 했니?
시나리오 구성	하루를 어떤 순서로 보냈니? / 네가 만든 활동은 언제 사용했니?
발표 유도	친구와 어떤 점이 달랐니? / 어떤 점이 더 적응에 좋았니?

❇ 사라진 달 : 생체 리듬 다시 짜기 STEAM 활동 평가 루브릭

평가 항목	5점(매우 우수)	4점(우수)	3점(보통)	2점 이하(미흡)
	평가 루브릭			
과학 개념 이해(자전 속도, 하루 시간, 생체 리듬, 생활 주기)	자전 속도, 하루 시간 단축, 생체 리듬의 개념을 정확히 이해하고 시각 자료와 시간표에 구체적으로 반영함	주요 개념이 활동의 구성이나 말풍선 표현 등에 비교적 잘 나타남	개념의 일부는 표현되었지만 설명이 짧거나 활동 순서 연결이 다소 약함	개념 이해가 부족하거나 시간표와 설명이 따로 놀아 이해가 어려움
활동 구성과 흐름 완성도(활동 배열+내가 만든 활동+활동 연결+창의적 설계)	수면·식사·활동 시간을 흐름에 따라 잘 배열하고, 내가 만든 활동도 창의적으로 통합해 시간표 전체가 자연스럽게 구성됨	시간의 배치와 순서가 대부분 타당하고, 창의적 활동 시간도 고르게 포함됨	활동은 나열되었지만 순서의 설명이나 창의 활동 내용이 전반적으로 약함	활동이 단순 나열에 그치고, 시간 순서 설명이나 창의 설계가 거의 없음
시각 표현과 설계도 완성도(색상, 시간 구분, 말풍선, 활동 흐름선)	수면과 활동 등 각 시간대가 색상과 말풍선, 아이콘 등으로 명확하게 표현되어 시각적인 구조가 매우 잘 구성됨	대부분 시각 요소가 적절하게 구성되어 있고 설명과 효과적으로 연결됨	시각 요소는 있지만 시간 순서 설명이 부족하거나 전체 활동 구성이 약함	그림만 있고 설명이 거의 없으며 전체 활동과 순서의 파악이 어려움
설명력과 발표 참여(시나리오 설명+친구 질문 응답)	시간표의 구성과 하루의 순서를 조리 있게 설명하고, 친구의 질문에도 과학 개념에 맞춰 논리적으로 잘 응답함	설명이 비교적 자연스럽고, 질문에도 대부분 잘 응답해 전개가 매끄러움	설명이 단편적이고 질문 응답도 제한적이며 이해를 돕기에는 부족함	발표가 소극적이며 설명이나 응답이 부족해 내용의 전달이 자주 끊김
참여 태도와 협력성(활동 집중도+친구와의 협력)	활동에 집중하며 시간표를 성실히 완성했고, 친구와 협력하며 피드백도 활발히 주고받음	성실하게 참여했고 협력과 소통도 비교적 잘 이루어졌음	활동에는 참여했지만 집중이나 협력 태도가 부족했음	참여가 소극적이며 친구와 협력이나 소통이 거의 없음

※총점 기준 해석표(총 25점)
★23~25점 : 매우 우수 ★19~22점 : 우수 ★15~18점 : 보통 ★10~14점 : 미흡 ★1~9점 : 매우 미흡

지오몽의
지구 이야기

주인공 **지오몽**은
'지구(Geo)의 꿈'이란 뜻입니다.

달에서 땅 주인이 될 수 있을까

"한 사람에게는 작은 걸음이지만 인류에게는 큰 도약이다"

미국의 우주 비행사 닐 암스트롱(1930~2012)이 인류 최초로 달에 발을 내디디며 한 말이야. 1969년 7월 20일이었어. 닐 암스트롱은 아폴로 11호를 타고 달에 도착했지.

그날 인류가 달에 서기까지는 미국과 러시아(옛 소련)의 치열한 우주 경쟁이 있었어. 러시아는 1957년 미국에 앞서 우주선을 발사해 인공위성을 지구 궤도에 올렸지. 1961년에는 유리 가가린(1934~68)을 태운 유인 우주선을 쏘아 올려 인류 최초의 우주인을 탄생시켰어.

■ 미국의 우주 비행사 닐 암스트롱이 인류 최초로 달을 밟았다. (사진 : 나사)

■ 아폴로 11호가 플로리다주 케네디 우주 센터에서 1969년 7월 16일 발사되었다. (사진 : 나사)

■ 세계 최초의 우주인인
러시아의 유리 가가린.

■ 인도의 찬드라얀 3호가 달에
착륙한 모습을 상상한 그림.
(사진 : 인도 우주 연구 기구)

　미국도 러시아에 지기 싫었지. 1961년부터 사람을 달에 보내는 아폴
로 계획을 세웠어. 그래서 마침내 러시아보다 먼저 사람을 달에 보내게
된 거야. 지금까지 사람이 달을 직접 밟은 나라는 미국뿐이야.

　2023년 8월 23일(현지 시각)에는 인도의 무인 달 탐사선(찬드라얀 3
호)이 달의 남극 착륙에 성공했어. 남극 착륙은 세계 최초이고, 달 착륙
국가로는 러시아와 미국, 중국에 이어 네 번째였어. 남극에는 지구에서
필요한 희귀 자원이 아주 많거든. 우리나라와 일본도 달 탐사를 서두르
고 있어. 우리나라는 2031년에 무인 달 착륙선을 보낼 예정이야.

■ 나사가 생각하는 달 기지와 광물 채굴 활동을 상상한 그림. (사진 : 나사)

인류가 달을 탐사하려는 까닭은 무얼까. 달에는 지구에 부족한 자원이 많기 때문이야. 헬륨-3라는 물질은 발전소의 연료로 쓰이는데, 현재 인류가 1만 년을 쓰고도 남는대. 원자력 발전과 달리 방사능이 나오지 않는 안전한 연료야. 그래서 1킬로그램에 500만 달러를 넘어.

달에 우주 기지를 만들면 화성 등 더 먼 우주 탐사에 들어가는 연료가 적게 들어서 비용을 절약할 수 있어. 달에는 대기가 없고, 중력이 지구보다 약해서 적은 연료로 로켓을 쏘아 올려 다른 천체로 보낼 수 있거든. 나중에 달의 소유권 경쟁이 벌어지면 우선권을 주장하려는 속셈도 있어.

■ 우주법에 따라 어느 나라도 달의 땅을 소유할 수 없다.

　그런데 달에 먼저 갔다고 주인이 될 수 있을까. 어떤 나라도 달을 가질 수는 없어. 유엔이 1967년에 맺은 우주법 때문이야. 우주법에는 어느 한 국가가 달을 소유하거나, 독차지해서 개발할 수 없도록 되어 있어.

　우주법에는 또 모든 국가가 평등의 원칙에 따라 우주를 자유롭게 탐사하고 이용할 수 있도록 정했지. 따라서 어느 국가든 달과 화성 등 다른 천체에서 자원을 채굴해 자기 것으로 삼을 수는 있단 말이지. 국가마다 달 탐사에 욕심을 내는 까닭이 여기에 있어. 하지만 모든 국가가 욕심만 챙기지 말고 우주에 하나뿐인 달을 보호하려는 노력을 할 때야.

활동 달 기지 만들기

🍀 활동 목표

* 달의 환경 조건(진공, 중력, 온도, 대기 등)을 과학적으로 이해한다.
* 인간이 달에서 생활하기 위해 필요한 생존 기능을 탐색한다.
* 선택한 기능에 맞춰 달 기지의 구조를 설계하고 시각적으로 표현한다.
* 기능 작동 순서를 이야기 형식으로 구성해 설명하고 발표한다.

🍀 수업 전 배경과 개념 설명

* **달의 환경** 대기 없음, 지구 중력의 6분의 1, 진공 상태, 낮과 밤의 극심한 온도 변화.
* **달 탐사의 이유** 헬륨-3 자원과 우주 거점으로서의 전략적 가치.
* **중력의 차이** 움직임, 착륙, 생명 유지 방식에 영향.
* **기지의 역할** 생존을 위해 갖춰야 할 기능(산소 공급, 전기 생산, 기온 조절, 방사선 차단 등).
* **달의 법적 지위** 누구도 소유할 수 없지만 자원 활용은 가능함.

🍀 수업 활동

1) 문제 인식과 분석

도입 발문	달에서는 왜 사람이 살기 어려울까요? / 달이 지구와 가장 다른 점은 무엇이라고 생각하나요? / 달에 간다면 가장 먼저 해결해야 할 문제는 무엇일까요?
활동지 칸	달에서의 생존 문제(산소 부족, 기온 차, 방사선 등)를 3가지 이상 적고, 그 이유는 물론 사람이 살기 위해 어떤 준비가 필요한지 해결 방안을 구체적으로 적어 봅니다.

2) 조건 구성하기＋시나리오 쓰기

• 아래 조건 중 3~4개와 내가 만든 조건 1개를 이용해, 각각 어떤 문제를 해결하는지 정리하고, 그 기능들이 어떤 순서로 작동하는지를 하나의 이야기로 구성해 보세요.

항목	설명
산소 공급기	숨쉴 수 있도록 공기를 만들어 줍니다.
태양광 발전판	태양 에너지를 전기로 바꾸어 기지를 움직입니다.
온도 조절 막	낮과 밤의 큰 기온 차를 줄여 줍니다.
방사선 차단막	우주 방사선으로부터 생명을 안전하게 보호합니다.
내가 만든 조건	수분 재활용 장치 → 땀, 호흡, 배설물의 수분을 모아 정화해 다시 씁니다.
시나리오 예시	달 탐사를 준비하는 과학자예요. 태양광 발전판으로 에너지를 만들고, 산소 공급기로 숨을 쉬었어요. 기온 차는 온도 조절 막으로 줄였고, 방사선은 차단막으로 막았죠. 물은 '수분 재활용 장치'로 다시 썼어요. 여긴 '달숨1호', 생명을 지키는 든든한 기지예요.

3) 설계도 그리기

• 반원형 기지에 기능을 배치하고, 말풍선이나 그림으로 역할을 나타내 보세요. 산소실, 발전소 등 공간을 나누고, 색으로 태양 방향, 기온 차, 방사선 영역을 구분해 보세요.

표현 예시	① 산소 공급기(숨쉴 공기를 만들어요.)　② 태양광 발전판(햇빛을 받아 전기를 충전해요.) ③ 온도 조절 막(기온 차를 줄여 줘요.)　④ 방사선 차단막(방사선에서 몸을 보호해요.) ⑤ 수분 재활용 장치(물을 정화해 다시 써요.)

4) 발표와 친구 질문 응답

발표 항목	예시 문장
기지 이름	'달숨1호'예요.
내가 고른 조건	산소 공급기, 태양광 발전판, 온도 조절 막, 방사선 차단막을 선택했어요.
내가 만든 조건	몸에서 나온 수분을 정화해 다시 물로 쓰려고 수분 재활용 장치를 만들었어요.
시나리오 요약	전기를 만들고 숨쉬었어요. 기온을 유지하고 방사선을 막았어요. 물도 정화했어요
친구 질문과 응답	수분 정화가 잘 안 되면 어떡해요? → 여분의 물 저장 탱크도 준비돼 있어요.

🍀 교사용 지도 포인트

단계	유도 질문 예시
문제 인식	달에선 왜 살기 힘들까? / 어떤 조건이 위험할까?
조건 구성	어떤 조건이 필요할까? / 어떤 문제를 해결할까?
내가 만든 조건	네가 만든 조건은 뭐야? / 왜 그게 필요했을까?
시나리오 구성	조건이 어떤 순서로 작동했지? / 흐름은 자연스러웠나?
발표 유도	친구의 기지와 뭐가 달랐지? / 누가 더 잘 해결했을까?

🍀 달 기지 만들기 STEAM 활동 평가 루브릭

평가 항목	평가 루브릭			
	5점(매우 우수)	4점(우수)	3점(보통)	2점 이하(미흡)
과학 개념 이해(중력, 대기, 온도, 방사선)	중력, 대기, 온도, 방사선 등 달의 주요 환경 조건을 정확히 이해하고, 각 조건이 생존에 어떤 영향을 주는지 구체적으로 설명함	주요 개념을 대부분 이해하고 설계에 비교적 잘 반영하였으며, 설명도 적절함	일부 조건만 언급되거나 설명이 단편적으로 이루어져 설계와 연결이 전반적으로 약함	조건 개념에 대한 이해가 부족하고 설계와 관련된 설명이 거의 드러나지 않음
조건 구성과 흐름 완성도(조건 구성+내가 만든 조건+조건 연결+창의적 설계)	선택한 조건에 더해 내가 만든 조건을 구성하고, 각 조건을 창의적이고 과학적으로 연결하여 구조 전체의 흐름이 명확함	대부분의 조건을 적절히 구성하고 일부 창의적 요소를 반영해 연결이 자연스러움	조건 구성이 부족하거나 만든 조건과 창의성이 부족해 연결성이 다소 떨어짐	조건이 단순 나열되어 연결성이 거의 없고 만든 조건도 드러나지 않음
시각 표현과 설계도 완성도(시간 흐름, 색 구분, 공간 배열, 말풍선)	색상, 말풍선, 아이콘 등으로 조건이 명확하게 표현되었으며, 구조와 흐름이 시각적으로 매우 잘 드러나 있음	조건과 공간이 시각 자료에 잘 배치되어 있고 기능 설명과도 자연스럽게 연결됨	조건이나 공간은 표현되어 있지만 기능과 연결된 상태나 구조에 대한 설명이 부족함	그림만 제시되고 공간 기능이나 연결 설명이 없어 구조 파악이 어려움
설명력과 발표 참여(시나리오 설명+친구 질문 응답)	기지 설계와 기능의 흐름을 조리 있게 설명했으며, 친구의 질문에도 과학 개념에 맞춰서 논리적으로 적절히 응답함	설명이 충실하고 자연스러우며 친구의 질문에도 대부분 과학 개념에 맞게 응답함	설명이 짧고 흐름이 불분명하거나 친구 질문에도 응답이 전반적으로 제한적임	발표가 소극적이며 설명이나 친구 질문에 응답이 거의 이루어지지 않음
참여 태도와 협력성(활동 집중도+친구와의 협력)	활동에 집중하며 기지를 성실하게 완성했고, 친구와의 협력과 피드백도 활발히 주고받음	성실히 참여했으며 친구와 협력과 소통도 비교적 잘 이루어짐	활동에는 참여했지만 집중이나 친구와 협력이 부족했음	소극적으로 참여하면서 협력과 소통이 거의 없었음

※총점 기준 해석표(총 25점)
★23~25점 : 매우 우수 ★19~22점 : 우수 ★15~18점 : 보통 ★10~14점 : 미흡 ★1~9점 : 매우 미흡

지오몽의 지구 이야기

주인공 **지오몽**은 '지구(Geo)의 꿈'이란 뜻입니다.

■ 춥고 건조한 오늘날 화성의 모습(왼쪽 사진)과 다르게 과거에는 지구처럼 흐르는 물이 있었고 두꺼운 대기층도 있었다. (사진 : 나사)

화성을 사람이 사는 지구로 만들기

■ 화성의 모습.

화성은 지구에 위험이 닥치면 사람이 옮겨 살 수 있는 가장 좋은 후보 행성이야. 그런데 화성에서 사람이 살게 하려면 기온을 높이고, 이산화탄소만 많은 공기에 산소를 만들어야 해. 물도 거의 없어서 땅 밑이나 극지방의 얼음을 녹여서 확보해야 하지. 우주에서 날아오는 해로운 방사선을 막아 줄 차단막도 필요해.

과학자들은 어떤 식물을 가져가면 화성을 지구처럼 만들 수 있을지 연구하고 있어. 식물은 이산화탄소를 흡수하고 산소를 내뿜기 때문이지. 사막 이끼가 강력한 후보야. 이끼는 지구에 식물이 없을 때 가장 먼저 땅에서 자란 식물이지.

이런 뜻이에요

방사선 원자 폭탄이 터질 때 나오는 방사선처럼 우주에서도 지구나 화성에 방사선이 쏟아진다. 지구에는 자기장이 지구 전체를 감싸고 있기 때문에 방사선을 막아 주지만, 화성에는 자기장이 아주 약해서 방사선이 그대로 땅으로 쏟아진다.

물과 양분이 부족해도 잘 크고, 아주 뜨겁거나 추운 사막에서도 견딜 수 있어. 물이 없으면 쉬었다가 물이 생기면 되살아나는 특성도 있어. 미래의 언젠가, 과학자들은 화성으로 가져간 사막 이끼를 심었어. 이끼는 낮에 이산화탄소를 흡수하고 산소를 내보내기 시작했지. 화성의 공기에 산소가 조금씩 늘어나게 되었어.

화성에서 사람이 살 수 있으려면 기온도 높여야 해. 과학자들은 화성의 극지방에 얼음 상태로 있는 이산화탄소를 녹이기 위해 거대한 거울을 사용했어. 화성이 태양을 도는 궤도(길)에 큰 반사 거울을 설치해 햇빛을 모은 뒤, 극지방으로 쏘아 얼음을 녹인 것이야.

■ 반사 거울로 화성 극지방에 얼음 상태로 있는 이산화탄소(드라이아이스)를 녹이는 모습을 상상한 그림.

■ 화성의 날씨를 견딜 수 있는 사막 이끼. 화성의 평균 기온은 영하 63도이다. 최저 기온은 영하 125도, 최고 기온은 영상 20도다.

■ 사막 이끼가 산소를 만들어 내는 과정.

　이산화탄소가 공기 중으로 방출되면서 기온이 오르기 시작했어. 하늘로 올라
간 이산화탄소는 우주로 달아나는 태양열을 붙잡기 때문에, 화성의 기온이 올
라가거든. 기온이 오르면서 이끼는 넓은 지역으로 퍼지고 산소를 더 많이 만들
어 냈어.

　화성에는 우주에서 해로운 방사선이 쏟아져. 그래서 방사선을 막아 줄 차단
막(자기장 발생 장치)을 설치했어. 이끼와 생물이 안전하게 살 수 있도록 보호
하기 위해서야. 방사선이 줄면서 이끼가 더 넓게 퍼져 나갔지. 과학자들은 다른
식물들도 옮겨 심기 시작했어. 이끼가 땅에 양분을 남겨 주어 다른 식물이 자라
기 쉬워졌기 때문이야.

작은 곤충들과 미생물도 화성에 옮겨 놓았어. 식물이 자라면서 먹이가 생기자 곤충도 살 수 있게 된 것이지. 곤충을 따라 작은 새와 동물들도 화성에 옮겨졌어. 화성의 녹지대에는 다양한 동식물이 어우러지면서 작은 생태계가 만들어졌지. 몇 백 년 뒤 화성에는 녹색 식물이 가득하고, 산소도 충분해졌어. 동식물이 살 수 있는 멋진 행성으로 변한 것이지.

사람들은 지구처럼 완벽하진 않지만, 산소를 보충해 주는 특별한 헬멧을 벗고도 생활할 수 있게 되었어. 숲이 우거지고, 새로운 집과 도시가 많이 생겼어. 차가운 황무지였던 화성이 따뜻하고 생명이 가득한 새로운 고향으로 바뀐 거야.

화성 생명 돔 만들기

🍀 활동 목표

* 화성의 기온, 공기, 물, 방사선 문제를 과학적으로 이해한다.
* 생존에 필요한 기능을 고르고 돔 구조 안에 설계한다.
* 기능 작동 과정을 시나리오로 구성하고 그림으로 표현한다.
* 내가 만든 창의 기능을 포함해 돔 구조를 완성한다.

🍀 수업 전 배경과 개념 설명

* **화성 기온** 평균 영하 63도, 밤에는 영하 125도까지 내려가는 극한의 온도 조건.
* **공기 문제** 산소가 거의 없고 이산화탄소가 대부분인 대기 구성.
* **물의 부족** 지표에 액체 물이 없고, 얼음 형태로 존재하는 수자원 조건.
* **방사선** 자기장이 없어 우주 방사선이 그대로 도달하는 노출 환경.
* **사막 이끼** 극한 조건에서도 광합성으로 산소를 만들어 내는 생물 자원.

🍀 수업 활동

1) 문제 인식과 분석

도입 발문	화성에서 오래 살려면 어떤 문제를 해결해야 할까요? / 오래 거주하려면 생활 방식은 어떻게 바뀌어야 할까요? / 자원을 다시 쓰려면 어떤 시스템이 있어야 할까요?
활동지 칸	화성의 환경 문제 중 3~4가지를 골라요. 각각에 필요한 기능을 정하고, 그 기능을 생명 돔에 어떻게 적용할지 구체적인 설계로 표현해 봅니다.

2) 기능 구성하기+시나리오 쓰기

• 아래 기능 가운 3~4개와 내가 만든 기능 1개를 이용해, 각각 어떤 문제를 해결하는 것이며, 그 기능들이 어떤 순서로 작동하는지를 이야기 형식으로 정리해 보세요.

항목	설명
물 순환 장치	얼음을 녹여 식수로 만들고, 사용한 물을 다시 정화해 돌려쓰는 장치예요.
산소 재생 장치	이산화탄소를 흡수해 산소로 바꾸는 식물과 기계를 함께 사용하는 장치예요.
폐기물 처리 시스템	쓰레기를 분해하거나 연료·비료 등 자원으로 다시 쓰는 장치예요.
태양 에너지 활용기	태양빛을 전기로 바꾸어 기지 전체에 필요한 에너지를 공급하는 장치예요.
내가 만든 기능	생체 온도 조절기 → 낮과 밤의 큰 온도 차이를 견디도록 돕는 온도 조절 장치예요.
시나리오 예시	화성 기지에 물 순환 장치를 설치해 식수와 농사용 물을 돌려썼어요. 산소는 식물과 기계로 만들고, 폐기물은 태워 전기를 얻었어요. 직접 만든 생체 온도 조절기 덕에 극한 온도에도 밖에서 활동할 수 있었죠. 이런 순환 시스템이 있어야 화성에서 오래 거주할 수 있어요.

3) 설계도 그리기

• 돔에 기능을 배치하고, 말풍선과 그림으로 역할을 표현하세요. 물·산소·에너지 흐름이 이어지게 나누고, 색과 말풍선으로 순서를 표시하세요(태양 방향, 기온, 방사선 차단 등).

표현 예시	① 물 순환(얼음을 녹이고 물을 정화해요.)　② 산소 재생(식물과 기계로 산소를 만들어요.) ③ 폐기물 처리(쓰레기를 자원이나 연료로 바꿔요.)　④ 태양 에너지(햇빛을 전기로 바꿔요.) ⑤ 온도 조절(낮밤 온도 차를 줄여요.)

4) 발표와 친구 질문 응답

발표 항목	예시 문장
돔 이름	'루프돔 1호'예요.
내가 고른 기능	물 순환 장치, 산소 재생 장치, 폐기물 처리 시스템, 태양 에너지 활용기를 선택했어요.
내가 만든 기능	온도 조절 기능인 '생체 온도 조절기'를 새로 만들었어요.
시나리오 요약	물은 녹여 정화해서 쓰고, 산소는 만들었어요. 폐기물은 에너지로 쓰고 온도도 조절했어요.
친구 질문과 응답	물은 부족하지 않았나요? → 물 순환 장치로 폐수를 다시 정화해 쓸 수 있었어요.

🍀 교사용 지도 포인트

단계	유도 질문 예시
문제 인식	화성에서 살려면 어떤 문제가 생길까? / 무엇이 가장 부족할까?
기능 구성	어떤 기능들이 가장 중요할까? / 기능은 어떤 순서로 작동할까?
내가 만든 기능	너만의 기능은 무엇이야? / 왜 그 기능이 필요하다고 생각했어?
시나리오 구성	어떤 순서로 작동했어? / 처음부터 끝까지 어떤 일이 일어났어?
발표 유도	친구 설계와 뭐가 달랐어? / 가장 잘 만든 기능은 뭐였어?

🍀 화성 생명 돔 만들기 STEAM 활동 평가 루브릭

평가 루브릭				
평가 항목	5점(매우 우수)	4점(우수)	3점(보통)	2점 이하(미흡)
과학 개념 이해(화성 환경, 생명 조건, 자원 활용, 순환 구조)	화성의 환경 조건을 정확하게 이해하고, 필요한 기능과 잘 연결함. 과학 용어의 개념 이해와 적용 설명도 매우 타당함	대부분의 핵심 조건을 이해하고 기능과 연결했으며, 설명의 흐름도 비교적 자연스러움	개념은 일부 표현되었지만 연결이 미약하거나 용어의 사용이 불분명함	조건들의 이름만 나열하거나 개념의 연결이 거의 없어 이해하기 어려움
기능 구성과 흐름 완성도(기능 구성+내가 만든 기능+기능 연결+창의적 설계)	선택한 기능이 순환 흐름에 맞게 연결되고, 내가 만든 기능도 잘 작동하며, 창의적 설계가 자연스럽게 포함됨	기능 간 흐름이 대체로 자연스럽고, 만든 기능도 포함됨. 창의성은 있으나 설명이 간략함	기능은 있으나 연결이 단조로우며, 내가 만든 기능이 약하고 창의성도 부족함	기능이 단순 나열되었고, 만든 기능이나 창의적 요소가 거의 없음
시각 표현과 설계도 완성도(기능 배치, 부위 구분, 화살표, 색상 구분)	돔 구조와 기능, 색상, 배치가 그림에 명확히 표현되어 있고, 말풍선과 시각 요소도 체계적으로 잘 구성되어 있음	대부분 요소가 표현되어 있으며, 설명과 시각 정보도 비교적 명확하고 전달도 잘 이뤄짐	그림은 있지만 기능 설명이 약하거나 색상 구분이 명확하지 않아 미흡함	그림만 제시되어 있고 기능 설명이나 구조·연결 관계 표현이 없음
설명력과 발표 참여(시나리오 설명+친구 질문 응답)	돔의 설계 과정을 시나리오로 조리 있게 설명했으며, 친구의 질문에도 과학의 개념을 활용하여 정확하게 응답함	발표의 흐름이 자연스럽고 주요 내용을 판단해 전달함. 친구 질문 응답도 대부분 가능함	설명은 있으나 흐름이 단조롭고, 친구 질문에 대한 응답도 전반적으로 약함	발표가 미흡하거나 질문에도 잘 응답하지 못해 전달력이 부족함
참여 태도와 협력성(활동 집중도+친구와의 협력)	활동 전반에 적극적으로 참여하고, 친구와의 협력과 피드백도 활발하게 잘 이루어짐	대부분 성실히 참여하며, 친구와 소통과 협력도 원활히 이루어짐	활동에는 참여했지만 발표나 친구 협력 태도가 소극적임	활동과 협력이 소극적이며, 상호작용도 거의 없음

※총점 기준 해석표(총 25점)

★23~25점 : 매우 우수 ★19~22점 : 우수 ★15~18점 : 보통 ★10~14점 : 미흡 ★1~9점 : 매우 미흡

소행성의 지구 충돌을 막아라

멕시코에 있는 유카탄 반도에 한번 가 봐. 반도란 우리나라처럼 바다 쪽으로 툭 튀어 나온 땅이야. 거기에는 둘레가 150킬로미터에, 깊이는 20킬로미터가 넘는 거대한 구덩이(칙술루브 충돌구)가 파여 있지. 6600만 년 전에 생긴 구덩이야.

왜 생겼냐고? 공룡이 풀을 뜯던 어느 봄날이었어. 하늘에서 갑자기 거대한 불길에 휩싸인 물체(소행성)가 날아와 지구를 들이박았지. 둘레가 10킬로미터가 넘을 만큼 컸어. 축구장의 길이를 100미터로 보면, 100개의 크기지. 화성과 목성 사이에서 있던 두 개의 소행성이 충돌할 때 생긴 파편 가운데 하나래.

■ 태양계를 나타낸 그림. 화성과 목성 사이에 소행성이 띠처럼 몰려 있다.

　하늘에서 지구로 날아드는 대부분의 물체는 공기층을 통과하면서 타 버리거든. 공기층의 두께는 1000킬로미터쯤 되지. 우주에서 물체가 대기층으로 빨려들면 마찰이 심해 최고 7000도의 열이 나면서 타는 거야. 근데 이 소행성처럼 덩치가 크면 다 타지 않고 떨어지는 거지.

　충돌할 때 생긴 충격 때문에 곳곳에서 지진이 일어나고 화산이 폭발했지. 엄청난 먼지가 하늘로 올라가 햇빛을 가리는 바람에 기온도 뚝 떨어졌어. 공룡을 포함해 지구 생물 10 가운데 7~8은 사라졌어. 불에 타거나 독가스에 중독되거나 먹이를 구하지 못해서 그런 거야.

과학자들은 소행성이 다시 지구에 충돌하지는 않을까 걱정이 커. 나사(미국 항공 우주국)가 1998년부터 지구를 위협하는 소행성을 살펴봤더니 2000개가 넘는대. 그래서 소행성의 충돌에서 지구를 구할 방법을 찾고 있지.

먼저 영화에서처럼 소행성에 핵폭탄을 떨어뜨려 폭파하는 방법을 생각하고 있어. 핵폭탄을 폭발시키면 소행성이 여러 조각으로 쪼개져 날아가겠지. 하지만 파편이 지구로 쏟아지면 큰 문제가 생길 수 있어. 둘레가 30미터만 되어도 도시 하나가 날아간대. 그래도 이 방법은 소행성이 갑자기 나타나 지구로 돌진할 때는 어쩔 수 없이 써야 할 거야.

■ 1998년에 나온 미국 영화('딥 임팩트')에는 핵폭탄을 폭발시켜 소행성을 잘게 쪼개는 장면이 나온다.

■ 소행성 다이모르포스의 실제 모습. (사진 : 나사 홈페이지)
■ 왼쪽 사진은 우주선이 다이모르포스에 충돌하는 순간을, 허블 우주 망원경이 찍은 모습. 오른쪽은 제임스 웹 우주 망원경이 찍은 모습. (사진 : 나사 홈페이지)

소행성을 수년 전에만 발견한다면 우주선을 이용할 수도 있어. 지구에서 무거운 우주선을 쏘아 올린 뒤 재빨리 소행성에 충돌시키는 거지. 그럼 소행성이 밀려나 지구로 다가오는 방향이 바뀐단 말이야.

실제로 나사가 2022년 10월에 성공한 실험도 이 방법이었어. 무게 620킬로그램짜리 우주선을 초속 6.2킬로미터로 충돌시켜 소행성의 궤도를 바꿨어. 지구에서 1100만 킬로미터 떨어진 곳에 있는 둘레 160미터짜리 소행성(다이모르포스)이야. 우주선은 2021년 11월에 발사되었지. 나사는 이제 인류가 소행성의 충돌을 막을 수 있는 수단 하나를 확보한 셈이야.

🚀STEAM 활동 지구 방어 장치 만들기

🍀 활동 목표

* 소행성 충돌이 지구 환경에 미치는 영향을 과학적으로 이해한다.
* 유카탄 반도 충돌구 사례와 나사(NASA)의 다트(DART) 임무를 통해 방어 기술의 원리를 탐구한다.
* 다양한 방어 기능을 연결시켜 효과적인 장치를 설계한다.
* 기능의 작동 방식과 연결 과정을 설계도와 이야기로 표현하고 설명한다

🍀 수업 전 배경과 개념 설명

* **소행성 충돌** 우주 물체가 지구에 부딪히며 재난을 일으킴(지진, 화산, 멸종 등).
* **칙술루브 충돌구** 멕시코 유카탄 반도에 있음. 공룡 멸종의 원인이 된 충돌구이다.
* **대기 마찰** 대기권 진입 때 마찰로 소행성이 일부 불타는데, 크면 지표에 도달함.
* **궤도 전환** 우주선을 소행성과 충돌시켜 경로를 바꾸는 방어 기술.
* **다트 임무** NASA가 실제 소행성과 충돌해 궤도를 바꾼 실험(2022년 성공).

🍀 수업 활동

1) 문제 인식과 분석

도입 발문	소행성이 지구를 향하고 있다면 어떻게 알 수 있을까? / 충돌을 막으려면 어떤 기술이 필요할까? / 방어 장치를 제대로 작동시키려면 어떤 점을 고려해야 할까?
활동지 칸	소행성 충돌을 막기 위한 방어 장치를 스스로 설계해 보세요. 어떤 기능이 필요한지 생각해 보고, 장치의 이름과 맡은 임무까지 자세히 정리해 보세요.

2) 기능 구성하기+시나리오 쓰기

• 아래 기능 중 3~4개와 내가 만든 기능 1개를 고르고, 내가 만든 기능은 왜 필요한지 적어 보세요. 내 장비가 소행성을 막기 위해 어떤 과정을 거쳤는지 시나리오를 구성해 보세요.

항목	설명
궤도 감시 레이더	소행성 접근을 미리 감지하고 경고를 보내요.
충돌 유도 우주선	소행성과 충돌하여 방향을 바꿔요.
핵 폭파 드론	위험할 때 소행성을 조각으로 분해해요.
파편 보호막	충돌 이후 생긴 파편이 지구에 떨어지지 않도록 막아요.
내가 만든 기능	궤도 밀어내기 장치 → 소행성을 옆으로 밀어 다른 방향으로 멀어지게 해요.
시나리오 예시	궤도 감시 레이더가 소행성을 발견하고 빠르게 경보를 울렸어요. 우주선이 즉시 출동해 충돌하면서 소행성 궤도를 살짝 바꿨어요. 파편은 보호막이 막았고, 마지막으로 내가 만든 궤도 밀어내기 장치가 소행성을 옆으로 더 밀어내어 지구에서 완전히 멀어지게 했어요.

3) 설계도 그리기

• 우주 공간에서 소행성을 막기 위한 기능을 지도로 나타내 보세요. 각 기능을 그림으로 그리고, 주요 지점에는 말풍선으로 역할과 이유를 간단히 적어 보세요.

표현 예시	① 궤도 감시 레이더(소행성을 발견해 경보를 보내요.) ② 우주선(충돌해서 소행성의 방향을 바꿉니다.) ③ 보호막(파편을 막아 줍니다.) ④ 밀어내기 장치(소행성을 더 멀리 밀어내요.)

4) 발표와 친구 질문 응답

발표 항목	예시 문장
장치 이름	'지오쉴드-301'이에요.
내가 고른 기능	궤도 감시 레이더, 충돌 유도 우주선, 핵 폭파 드론, 파편 보호막을 선택했어요.
내가 만든 기능	소행성을 옆으로 더 밀어내는 '궤도 밀어내기 장치'를 만들었어요.
시나리오 요약	소행성을 감지하고 충돌해서 밀어내어 충돌을 막았어요.
친구 질문과 응답	왜 파편 보호막이 필요했나요? → 파편이 지구에 떨어지는 걸 막기 위해서예요.

🍀 교사용 지도 포인트

단계	유도 질문 예시
문제 인식	소행성이 오면 어떤 일이 생길까? / 왜 충돌이 위험할까?
기능 구성	어떤 기능이 필요할까? / 기능들끼리는 어떻게 연결되어 있을까?
내가 만든 기능	네가 만든 기능은 왜 필요했을까? / 어디에서 작동했을까?
시나리오 구성	기능들이 어떤 순서로 작동했지? / 순서를 정한 이유는 무엇일까?
발표 유도	너의 장치는 어떤 점이 독특했니? / 친구와 비교했을 때 뭐가 달랐니?

🍀 지구 방어 장치 만들기 STEAM 활동 평가 루브릭

평가 항목	5점(매우 우수)	4점(우수)	3점(보통)	2점 이하(미흡)
과학 개념 이해(소행성 충돌, 궤도 변화, 운동의 전달, 방어 기술)	충돌 원리와 방어 개념을 정확히 이해하고 설계에 반영함. 과학 용어가 기능의 작동 방식과 시나리오에 잘 담김	개념이 드러났고 기능의 작동 방식과 설명이 자연스러움. 과학 용어의 사용도 적절함	개념이 일부만 표현되었거나 설명이 짧고 연결이 약함. 용어나 사례가 부족함	개념에 대한 이해가 부족하고, 기능과 시나리오도 제대로 연결되지 않음
기능 구성과 흐름 완성도(기능 구성+내가 만든 기능+기능 연결+창의적 설계)	기능들이 논리적으로 연결되고 내가 만든 기능과 창의 설계도 잘 표현됨. 기능 역할과 작동 순서도 분명함	각 기능이 논리적으로 연결되어 있으며, 내가 만든 기능과 아이디어가 포함됨	기능은 있으나 전체 연결이 약하고, 만든 기능과 창의적 표현이 드러나지 않음	기능 나열에만 그치며 작동 순서 연결이나 내가 만든 기능이 거의 드러나지 않음
시각 표현과 설계도 완성도(기능 위치, 말풍선 설명, 작동 순서, 연결 화살표)	기능의 위치와 작동 순서·연결이 매우 명확히 표현되고, 시각 요소도 잘 구성됨. 전체 구조도 잘 정리됨	기능과 설명이 잘 정리되고 기능 간 연결도 명확히 표현됨. 시각 요소도 적절함	기능은 있으나 작동 방식과 연결 상태, 위치 설명이 부족하고 시각 자료도 제한적임	그림은 있지만 설명이 전반적으로 부족하거나 구조 표현이 모호해서 이해하기 어려움
설명력과 발표 참여(시나리오 설명+친구 질문 응답)	발표 내용이 전체적으로 조리 있고 질문에도 논리적으로 응답함. 작동 이유와 기능 간 연결도 잘 설명됨	설명이 자연스럽게 이어지고 질문에도 비교적 잘 응답함. 기능에 대한 설명도 포함됨	발표가 짧고 설명이 부족하며, 질문 응답도 단편적임. 기능 간 관계 설명도 약함	설명이나 친구 질문에 대한 응답이 거의 없으며, 발표 내용도 부족해 이해하기 어려움
참여 태도와 협력성(활동 집중도+친구와의 협력)	활동에 적극 참여하며 기능 설계와 협력도 활발히 이루어짐. 발표 태도도 일관됨	성실히 참여하고 협력도 비교적 잘 됨. 설계 활동도 계속됨	활동 집중도나 협력이 부족하고 피드백도 소극적임	활동이 수동적이며 협력이나 설계 참여가 거의 없음

※총점 기준 해석표(총 25점)
★23~25점 : 매우 우수 ★19~22점 : 우수 ★15~18점 : 보통 ★10~14점 : 미흡 ★1~9점 : 매우 미흡

지오몽의 지구 이야기

주인공 **지오몽**은
'지구(Geo)의 꿈'이란 뜻입니다.

우주여행을 하면 왜 빨리 늙을까

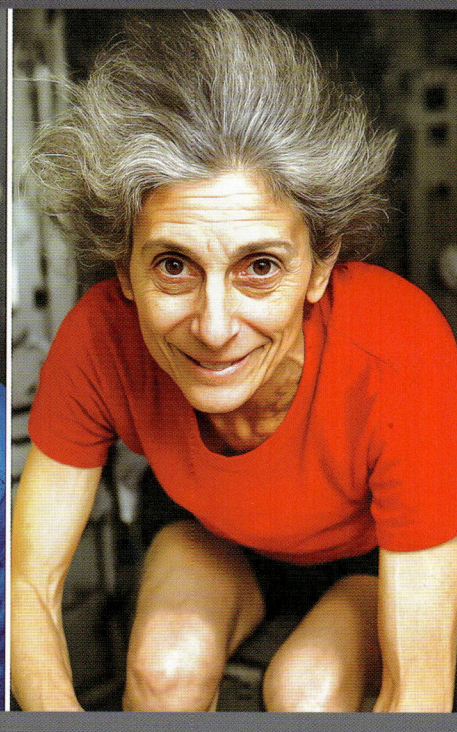

■ 286일 만에 지구로 돌아온 미국 항공 우주국(NASA) 소속 우주 비행사 수니 윌리엄스. 왼쪽은 지난해 6월 우주로 떠나기 전 모습, 가운데는 국제 우주 정거장에 머물던 때의 모습, 오른쪽은 9개월 만인 3월 18일 지구로 돌아왔을 때의 모습. (나사 사진 : AI)

"윌리엄스 맞아? 왜 저렇게 폭삭 늙어 버렸지?" 미국의 우주 비행사 수니 윌리엄스(1965~)가 2025년 3월 18일(현지 시각) 지구로 돌아왔을 때였어. 그의 얼굴이 핼쑥한 데다 흰머리로 뒤덮이고 깡마르게 변한 거야. 수니 윌리엄스는 2024년 6월부터 국제 우주 정거장(ISS)에서 286일간 지냈거든. 국제 우주 정거장은 지구 위 약 400킬로미터 상공에서 지구를 도는 우주 기지야. 대기층이 없고 무중력 상태인 우주 환경이 몸에 미친 영향 때문이야. 화성 여행 시대가 성큼 다가왔지. 화성까지 왕복에 2~3년이 걸리는데, 몸의 변화는 더욱 심할 거야.

■ 수니 윌리엄스가 국제 우주 정거장에서 자율 비행 로봇을 작동하는 실험을 하고 있다. (사진 : 나사)

　지구에서는 걷거나 뛰지 않아도 뼈와 근육이 중력에 맞서 몸을 지탱하느라 자연스럽게 운동이 되지. 그런데 우주에서는 중력이 없어서 몸이 둥둥 떠다녀. 근육과 뼈를 쓸 일이 거의 없는 거지. 근육을 쓰지 않으면 시간이 갈수록 근육의 양이 줄고, 뼈도 점점 약해져. 우주에 2주일만 있어도 근육이 약 20퍼센트(100 가운데 20)가 줄어든대. 6개월쯤 머무르면 뼈의 단단함도 10퍼센트 약해져. 특히 척추나 다리뼈처럼 버티고 서서 몸무게를 떠받치는 곳부터 먼저 약해진대. 그래서 우주 비행사들은 매일 두 시간 넘게 근력 운동을 해.

지구는 방패가 있어요.

　지구 밖에 있으면 우주에서 날아오는 방사선을 그대로 맞아야 해. 방사선은 핵폭탄이 터질 때 나오는 것과 같은 거야. 우주 방사선은 핵폭탄 방사선보다는 약하지만 항상 지구로 쏟아지지. 그런데 지구를 감싼 대기층과 자기장이 방패처럼 막아 줘서 안전한 거야. 우주에는 그런 방패가 없어서 몸이 방사선을 그대로 쬘 수밖에 없어. 방사선을 쬐면 세포(유전자)가 망가져 빨리 늙거나 병들게 되지. 방사선은 심장 기능도 약하게 만들어. 시력이나 피부에도 문제가 생길 수 있어. 우주선에 방사선을 막는 납을 두르면 되지만, 너무 무거워져서 쏘아 올리기 어려워.

이런 뜻이에요

대기층　지구를 감싸고 있는 공기층. 태양에서 나오는 방사선과 자외선, 운석을 막아 준다.
자기장　지구 내부에서 만들어지는 자기의 힘(자력). 우주에서 날아오는 일부 방사선을 튕겨 낸다.
유전자　몸을 만드는 데 필요한 설계도. 부모에게서 물려받는데, 머리색이나 키 같은 것을 정해 준다.

우주를 여행하는 동안 빨리 늙고 병든다면 아무도 우주로 가지 않을 거야. 그런데 지구로 돌아와 2~6개월 동안 운동을 하고 치료를 받으면, 뼈와 근육이 다시 튼튼해 지고, 질병을 이기는 힘도 생기지. 실제로 우주 비행사들은 지구로 돌아와 건강 을 되찾았어. 과학자들은 우주여행에 대비해 방사선을 막는 특수 우주복, 우주 선 안에서 중력을 흉내 내는 중력 장치를 개발 중이야. 근육이 줄지 않게 특수 운동 기구와 약물도 개발하고 있어. 세포를 보호하는 보호제나 영양 보충제도 연구 중이야. 이런 기술이 나오면 화성 여행이 안전하고 즐거울 거야.

화성 여행객
운동 중

내 몸을 지키는 미래 우주복 만들기

🍀 활동 목표

* 우주 환경(무중력, 방사선 등)에서 몸에 생기는 문제점을 이해한다.
* 몸을 보호하기 위한 기능을 구상하여 우주복에 설계한다.
* 설계한 우주복의 기능과 구조를 그림과 말로 설명한다.
* 우주복 기능을 상황에 맞게 선택하고, 그 이유를 설명한다.

🍀 수업 전 배경과 개념 설명

* **방사선** 우주에는 지구보다 방사선이 더 많아 세포와 유전자를 상하게 할 수 있음.
* **무중력** 중력이 없으면 근육과 뼈를 덜 사용하게 되어 점점 약해짐.
* **근육·뼈 손실** 우주에서는 움직여도 무중력 상태여서 근육이 줄고 뼈가 약해져 노화가 빨라짐.
* **우주복** 산소 공급, 체온 유지, 방사선 차단 등 몸을 보호하는 복합 과학 장비임.
* **대기층과 자기장** 지구의 방패 역할을 하며 우주 방사선을 막아 줌.

🍀 수업 활동

1) 문제 인식과 분석

도입 발문	우주에서는 몸에 어떤 변화가 생길까요? / 방사선과 무중력은 우리 몸에 어떤 영향을 줄까요? / 이런 환경에서 몸을 지키려면 우주복에는 어떤 기능이 필요할까요?
활동지 칸	우주에서 몸과 건강을 지키기 위해 필요한 기능을 자세히 정리하고, 그 기능을 담은 나만의 특별한 우주복을 구체적으로 설계한 뒤 그림과 함께 소개해 보세요.

2) 기능 구성하기+시나리오 쓰기

• 아래 기능 중에서 3~4개를 골라 채워 보세요. 내가 만든 생존 도구나 특징도 하나 정해 보세요. 선택한 기능과 도구들이 어떤 상황에서 어떻게 쓰이는지 시나리오로 적어 보세요.

항목	설명
방사선 차단 필름	몸을 방사선에서 보호해 줘요.
근육 보호 자극기	전기 자극으로 근육을 움직여 주어 약해지지 않게 해요.
중력 유도 신발	인공 중력으로 발을 바닥에 붙게 해 줘요.
수분 재활용 장치	땀이나 숨에서 나오는 수분을 모아 다시 사용할 수 있게 해요.
내가 만든 기능	체온 조절 캡슐 → 몸의 온도를 일정하게 유지해 주는 작은 캡슐을 넣었어요.
시나리오 예시	우주복을 입고 화성 탐사를 떠났어요. 중력 유도 신발 덕에 발을 바닥에 붙일 수 있었고, 자극기가 근육을 지켜 줬어요. 방사선 필름과 체온 캡슐은 내 몸을 안전하고 따뜻하게 해 주었고, 수분 장치는 물을 아껴서 탐사를 무사히 마칠 수 있게 했어요.

3) 우주복 설계도 그리기

• 내가 만든 우주복의 앞뒷면과 헬멧을 그려 보세요. 각 부위에 어떤 기능이 있는지 말풍선이나 글로 나타내고, 몸을 어떻게 보호하는지도 함께 적어 보세요.

표현 예시	① 헬멧 안에 방사선 차단 필름이 있어요. ③ 신발에 중력 유도 기능이 있어요. ⑤ 안쪽엔 체온 조절 캡슐이 들어 있어요.	② 등에 수분 재활용 장치가 달려 있어요. ④ 팔에는 근육 자극기가 붙어 있어요.

4) 발표와 친구 질문 응답

발표 항목	예시 문장
우주복 이름	'지오쉴드 1호'예요.
내가 고른 기능	방사선 차단 필름, 근육 보호 자극기, 중력 유도 신발, 수분 재활용 장치를 선택했어요.
내가 만든 기능	체온을 유지하는 조절 캡슐을 새로 만들었어요.
시나리오 요약	우주복 덕분에 몸을 지키며 탐사를 무사히 마칠 수 있었어요.
친구 질문과 응답	체온은 어떻게 조절하나요? → 캡슐이 자동으로 온도를 맞춰 줘요.

🍀 교사용 지도 포인트

단계	유도 질문 예시
문제 인식	우주에서는 왜 몸이 약해질까? / 지구랑 가장 다른 점은 뭐야?
기능 구성	이 기능이 왜 필요하다고 생각했니? / 어떤 기능과 연결돼 있니?
내가 만든 기능	이 기능은 어디에 붙어 있어야 할까? / 그림에서는 어떻게 표현했니?
시나리오 구성	실제로 쓴다면 언제 작동할까? / 기능들이 어떤 순서로 움직일까?
발표 유도	너의 우주복에서 제일 뿌듯한 기능은 뭐야? / 친구의 우주복과 뭐가 달랐니?

🍀 내 몸을 지키는 미래 우주복 만들기 STEAM 활동 평가 루브릭

평가 항목	5점(매우 우수)	4점(우수)	3점(보통)	2점 이하(미흡)
과학 개념 이해(무중력, 방사선, 체온 유지, 수분 순환)	우주의 방사선, 무중력, 근육 감소 등 개념을 정확히 이해하고, 우주복 설계의 모든 과정에 논리적이고 구체적으로 반영함	개념이 대부분 적절히 표현되고, 기능 구성과 내용이 비교적 잘 연결됨	개념이 일부 표현되었으나 설명이 단편적이고 연결도 약하게 드러남	개념이 거의 드러나지 않거나 기능 간 순서와 작동 관계가 모호함
기능 구성과 시나리오 완성도(기능 구성+내가 만든 기능+기능 연결+창의적 설계)	기능이 4개 이상 논리적으로 연결되고, 내가 만든 기능도 포함되어 시나리오의 흐름이 자연스럽고 구성도 창의적으로 이뤄짐	기능 3개 이상이 비교적 잘 연결되고, 내가 만든 기능도 함께 포함됨	기능은 있지만 연결이 다소 단편적이고, 설명이 전반적으로 부족함	기능이 단순 나열되고, 만든 기능이나 창의적 구성이 드러나지 않음
시각 표현과 설계도 완성도(부위별 기능, 말풍선, 기능 연결, 기능별 색상)	우주복의 구조와 기능이 명확하게 표현되었으며, 말풍선, 위치 구분, 시각 요소까지 완성도가 높고 일관되게 구성됨	시각 요소가 대부분 적절하게 표현되어 있고, 전체 구조도 비교적 명확함	기능이나 설명은 있지만 구조 구분이 불명확하고 연결이 부족함	그림과 기능은 있지만 설명이 거의 드러나지 않아 전달력이 떨어짐
설명력과 발표 참여(시나리오 설명+친구 질문 응답)	발표가 조리 있고, 우주복의 기능과 시나리오가 자연스럽게 잘 이어지며, 친구의 질문에도 논리적이고 창의적으로 응답함	발표가 비교적 충실하고, 친구 질문에도 대부분 자연스럽게 응답함	발표는 있었지만 설명이 다소 짧거나 친구 질문에 대한 응답이 부족함	발표 흐름이 다소 단편적이고, 친구 질문에도 제대로 응답하지 못함
참여 태도와 협력성(활동 집중도+친구와의 협력)	활동 전체에 집중하고, 기능 구성과 설계를 성실히 완성하며, 친구와 피드백·협력도 활발히 이루어짐	대부분 성실히 참여하고, 친구와의 상호작용도 있음	활동에는 참여했지만 협력과 소통이 다소 소극적임	활동과 발표, 질문에 소극적이며, 협력 태도가 부족함

※총점 기준 해석표(총 25점)
★23~25점 : 매우 우수 ★19~22점 : 우수 ★15~18점 : 보통 ★10~14점 : 미흡 ★1~9점 : 매우 미흡

지오몽의 지구 이야기 주인공 **지오몽**은 '지구(Geo)의 꿈'이란 뜻입니다.

외계 생명체는 어디에서 살 수 있을까

■ 제임스 웹 우주 망원경이 우리 은하를 관측하고 있다.

인류는 1960년부터 외계 생명체 찾기에 나섰어. 망원경과 우주 탐사선을 이용하지. 허블이나 제임스 웹 같은 우주 망원경으로 별빛을 분석해. 거기서 물이나 산소, 메테인 등 기체가 있는지 확인하지. 이런 물질은 생명체가 있을 때 나올 수 있어. 외계 행성을 찾은 다음, 대기를 분석해 생명체가 살 수 있는지 살펴보기도 해.

우리나라에서도 2025년 4월 광학 망원경을 써서 슈퍼 지구를 발견했어. 또 어떤 행성의 위성에서는 바다에서 치솟는 물기둥에, 생명에 필요한 물질이 있는지도 확인해. 행성이나 혜성 등에 탐사선을 보내 얼음이나 돌, 기체를 직접 조사하기도 하지.

이런 뜻이에요

허블 우주 망원경 1990년 미국의 나사(NASA)가 우주 공간에 쏘아 올린 광학 망원경. 날씨의 영향을 받지 않고 우주를 관찰할 수 있다.

제임스 웹 우주 망원경 2021년 미국의 나사(NASA)가 우주 공간에 쏘아 올린 적외선 망원경. 아주 먼 우주를 관찰하며, 외계 생명체가 살 수 있는 환경도 찾아낼 수 있다.

메테인 탄소와 수소로 이뤄진 기체. 색과 냄새가 없는데, 생명체를 이룬 물질이 썩을 때 만들어진다.

외계 행성 태양이 아닌 다른 별을 도는 행성.

슈퍼 지구 지구처럼 암석형 행성이지만, 지구보다 최대 10배쯤 무거운 행성.

생명체가 살려면 먼저 물이 필요해. 또 너무 덥거나 춥지 않아야 하지. 물은 보통 0~100도 사이에서 액체로 존재해. 그래서 지구처럼 별에서 적당히 떨어진 천체를 찾지. 그런 곳에는 물이 흐르고, 숨쉴 수 있는 기체나 에너지원이 있을 수도 있어.

토성의 위성 엔켈라두스에는 얼음 아래에 바다가 있고, 거기서 수소, 메테인, 인 같은 성분이 발견되었어. 이들 성분은 생명을 이루는 데 필요한 물질이야. 과학자들은 바닷속 열수구에서도 생명이 만들어질 수 있다고 생각해. 다른 행성에도 그런 환경이 있을지 찾고 있어. 외계 생명을 찾을 가능성이 더 커진 거지.

생명 가능 지역

뜨거움 — 적당한 온도, 물이 있음 — 추움

0~100도 사이

■ 토성의 위성 엔켈라두스 남극의 두꺼운 얼음 아래를 흐르는 바다에서 물기둥(뜨거운 물)이 치솟는 모습을 상상한 그림.

이런 뜻이에요

토성 태양계의 여섯 번째 행성. 크고 아름다운 고리를 가진 가스형 행성인데, 145개의 위성을 거느리고 있다(국제 천문 연맹 기준).

위성 달처럼 행성 주위를 도는 천체.

엔켈라두스 토성의 위성 가운데 하나. 지름은 남한 크기인데 얼음으로 덮여 있으며, 그 밑에 바다가 있다.

인 생명체의 생존에 꼭 있어야 하는 성분 중 하나.

열수구 바다 밑바닥의 갈라진 틈에서 뜨거운 물과 가스가 나오는 곳. 햇빛이 없어도 생명체가 살 수 있다.

어두운 곳

중력이 센 곳

외계 생명체는 지구 생물과 다르게 생겼을지도 몰라. 그들이 사는 천체의 환경이 지구와 다르잖아. 어두운 곳에서는 잘 보기 위해 눈이 클 수도 있지. 물속에 산다면 아가미나 지느러미가 있을 거야. 중력이 센 곳이라면 다리가 짧고 튼튼하겠지.

이러한 상상은 사람이 살기 힘든 곳에 사는 생물에서 힌트를 얻었어. 열수구처럼 뜨겁고 깊은 바닷속에도 미생물이 살고, 남극의 얼음 아래 산성 호수에서도 생명체가 발견되었지. 옛날 그리스 사람들도 외계 생명체가 있다고 믿었어. 지금은 그런 상상에 과학이 더해져, 외계 생명체가 어떻게 생겼을지 자세히 탐색하고 있지.

이런 뜻이에요

산성 호수 물속에 산성(알칼리성의 반대) 물질이 많이 녹아 있는 호수. 주로 화산 활동이나 산성비 때문에 생기며, 생물이 살기 어렵다.

외계 생명체를 찾는 일은 중요하지만 조심해야 해. 영국의 물리학자 스티븐 호킹(1942~2018)은 외계 생명체를 만나면 위험해질 수 있다고 경고했어. 그들이 더 똑똑하고 강하면 인류가 해를 입을 수도 있으니까. 그래서 과학자들은 생명체를 찾아도 함부로 연락하거나 다가가지 않으려고 해.

미국의 천문학자 프랭크 드레이크(1930~2022)는 외계 문명이 얼마나 많은지 계산하는 공식을 만들었어. 지금 전파 등으로 소통이 가능한 문명은 1000곳도 안 된대. 외계 생명을 만나면 친구처럼 대해야 할까, 거리를 둬야 할까. 이제 어떻게 대해야 할지도 함께 고민해 봐야 해.

활동 외계 생명체 설계

🍀 활동 목표

* 생명체가 살아가기 위한 환경 조건을 과학적으로 이해한다.
* 외계 행성의 환경과 거기에 맞는 생명체의 신체 구조와 기능을 설계한다.
* 설계한 기능들이 작동하는 방법과 순서를 시나리오로 구성해 설명한다.
* 구조도와 설명을 바탕으로 친구와 발표하며 의견을 나눈다.

🍀 수업 전 배경과 개념 설명

* **생명 조건** 물, 온도, 공기, 에너지 등 생명체가 살아가기 위한 기본 환경 조건.
* **적응** 생물이 사는 곳에 맞게 몸과 기능을 바꾸어 살아가는 능력.
* **외계 행성** 지구와 기온, 대기, 중력이 다른 천체.
* **생명 다양성** 열수구, 극지방, 산성 호수 등 지구에서도 극한 환경에서 생물이 생존함.
* **감지 능력** 주변 자극에 반응하여 생존에 필요한 행동을 하는 생물의 기본 능력.

🍀 수업 활동

1) 문제 인식과 분석

도입 발문	지구 밖 외계 생명체는 어떤 환경에서 살까요? / 그곳에서는 어떤 모습과 능력을 가져야 할까요? / 우리는 어떤 생명체를 만들 수 있을까요?
활동지 칸	내가 만든 외계 생명체는 특정한 행성에서 살아가요. 그 행성의 기온, 대기, 중력 등 환경에 따라 생명체의 모습과 몸 구조, 기능을 자세히 설명해 보세요.

2) 기능 구성하기＋생존 시나리오 쓰기

• 아래 기능 중 3~4개를 선택하고 그 이유를 적어 보세요. 내가 만든 기능 1개를 추가하고, 이 생명체가 살아가는 모습을 이야기 형식으로 구성해 시나리오 문장으로 써 보세요.

항목	설명
큰 눈	어두운 곳에서 잘 보기 위해 사용되어요.
짧은 다리	중력이 강한 곳에서도 튼튼하게 걷기 위해 필요해요.
투명 피부	숨거나 적에게 들키지 않도록 몸을 감춰 줘요.
열 저장 뿔	추운 환경에서 몸의 열을 오래 유지해 줘요.
내가 만든 기능	발광 더듬이 → 어두운 곳에서 앞을 밝혀 길을 찾게 해요.
시나리오 예시	내 생명체는 얼음별에서 살아요. 투명 피부로 주변 환경과 비슷하게 몸 색깔을 바꾸어 숨고, 열 저장 뿔로 체온을 오랫동안 유지해요. 짧은 다리로 중력이 센 땅을 잘 걸으며, 큰 눈과 발광 더듬이로 어둠에서도 길을 찾아 친구들과 함께 안전하게 이동해요.

3) 설계도 그리기

• 생명체의 몸을 그리고 기능을 색이나 번호로 구분해 나타내요. 말풍선에 이름과 역할을 쓰고, 내가 만든 기능도 함께 표시해요. 생존 도구가 있다면 같이 그려요.

표현 예시	① 투명 피부는 몸을 감싸며 숨고 숨쉬게 해 줘요.　② 열 저장 뿔은 머리 옆에서 열을 모아 줘요. ③ 진동 감지 피부는 진동을 느껴서 감지해요.　④ 발광 장치는 더듬이에서 빛을 내 앞을 밝혀 줘요.

4) 발표와 친구 질문 응답

발표 항목	예시 문장
생명체 이름	'눈속살이'예요.
내가 고른 기능	큰 눈과 짧은 다리, 투명 피부, 열 저장 볼을 선택했어요.
내가 만든 기능	어둠 속을 밝히는 발광 장치를 새로 만들었어요.
시나리오 요약	눈속살이는 어둠 속에서 여러 기능을 써서 무사히 살아가요.
친구 질문과 응답	어두운 곳에서 어떻게 앞을 봐요? → 큰 눈으로 잘 볼 수 있어요.

🍀 교사용 지도 포인트

단계	유도 질문 예시
문제 인식	이 생명체는 먼저 어떤 문제를 겪을까? / 지구 생물은 이 환경에서 어떻게 될까?
기능 구성	이 기능이 없으면 무슨 일이 생겨? / 어떤 점에서 다른 생물보다 유리할까?
내가 만든 기능	너만의 기능은 어떤 생물에서 참고했어? / 어떤 기능과 연결돼 있어?
시나리오 구성	어떤 위기를 겪고 어떻게 극복했어? / 이들 기능이 함께 쓰인 장면은 언제였어?
발표 유도	친구가 어떤 질문을 할까? / 네 생명체에 별명을 붙인다면 뭐야?

🍀 외계 생명체 설계 STEAM 활동 평가 루브릭

평가 항목	평가 루브릭			
	5점(매우 우수)	4점(우수)	3점(보통)	2점 이하(미흡)
과학 개념 이해(환경 조건, 적응, 기능 설계, 생존 전략)	외계의 환경 조건(온도, 공기, 물, 중력 등)을 정확히 알고, 생명체의 기능에 잘 반영함. 개념이 설명과 그림에 자연스럽게 드러남	개념과 기능이 대부분 적절하게 연결되어 있고, 생존 조건도 잘 반영됨	생명 조건은 있지만 기능과의 연결이 다소 약하거나 설명이 부족하게 나타남	과학 개념이 잘 드러나지 않거나, 생존 조건과 생명체 기능이 따로 표현됨
기능 구성과 흐름 완성도(기능 구성+내가 만든 기능+기능 연결+창의적 설계)	생명체의 기관들이 상황에 맞게 연결되고, 기능 작동이 논리적이며 시나리오에 표현됨. 만든 기능도 독창적이며 전체 구성에 잘 포함됨	기능 구성이 대부분 자연스럽고, 만든 기능도 있으며 작동 과정이 대체로 논리적임	기능은 있지만 만든 기능이 없거나 기능 연결이 부족함. 시나리오 구성도 단순	기능이 나열만 되고, 연결이 부족함. 만든 기능이 없거나 창의성과 논리성이 부족함
시각 표현과 설계도 완성도(신체 구조, 기능 위치, 말풍선, 색과 선 구분)	생명체의 구조, 기능 위치, 설명 등이 그림 안에 잘 표현되어 있고, 색 구분이나 말풍선도 명확하게 구성되어 전체적으로 이해가 쉬움	대부분의 기능 위치와 설명이 잘 드러나며, 설계도와 글의 연결도 적절함	기능이나 설명 중 하나가 부족하고 연결이 약함. 그림이 설명이 충분하지 못함	그림만 있거나 설명이 부족하고, 기능의 위치나 구조도 명확하지 않음
설명력과 발표 참여(시나리오 설명+친구 질문 응답)	생명체의 특징과 생존 전략을 시나리오로 조리 있게 설명하며, 질문에도 논리적으로 응답함. 발표는 적극적이고 설득력이 있음	설명 흐름이 자연스럽고 발표 내용도 충실함. 친구 질문에도 적절히 응답함	설명이 단편적이거나 기능 중심에 머무름. 질문 응답이 부족하거나 흐름이 끊김	설명이 부족하거나 친구 질문에 제대로 답하지 못하며, 발표도 불완전함
참여 태도와 협력성(활동 집중도+친구와의 협력)	활동 전반에 적극적으로 몰입하며 설계를 완성함. 친구와의 피드백과 협업도 활발히 이루어짐	활동에 대부분 성실히 참여하고 협력 태도도 양호함	참여는 했지만 설계 완성도가 떨어지고 협력·피드백이 소극적임	수업 전반에 수동적이며, 발표나 협력 참여도 거의 없음

※총점 기준 해석표(총 25점)
★23~25점 : 매우 우수 ★19~22점 : 우수 ★15~18점 : 보통 ★10~14점 : 미흡 ★1~9점 : 매우 미흡

Chapter

5

지구의 위험과 미래

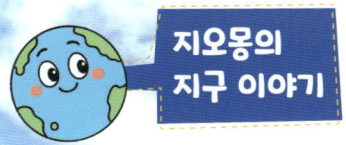

25

극지방의 얼음이 다 녹으면 어떻게 될까

■ 녹아내리는 알프스 빙하.

여름 날씨가 재난 영화에서처럼 너무 뜨거워졌어. 밖에 나가면 햇빛이 너무 강해 피부가 아플 정도야. 우리나라뿐만 아니라 세계 곳곳에서 날씨가 너무 뜨거워 희귀한 일이 벌어지고 있어.

미국 남쪽 지방의 피닉스시 사막 식물원에서는 열대 식물인 선인장까지 말라 죽었어. 이곳의 낮 최고 기온이 한 달 연속 43도를 넘었대. 더 큰 문제는 밤에도 최저 기온이 32도 밑으로 떨어지지 않아서 탈수 증세를 보인 거래. 스위스에서는 알프스 산맥의 빙하가 녹아내리고 있어. 그 바람에 37년 전에 산에서 눈에 파묻힌 독일 등산가의 시체가 2023년에 발견되었대.

■ 땡볕에 말라죽은 선인장.

이런 뜻이에요

피닉스시 사막 식물원 미국 애리조나주 피닉스시의 파파고 공원에 있는 전문 사막 식물원.
탈수 증세 몸속의 물이 모자라서 일어나는 증상.

■ 녹아내리는 남극 대륙의 빙하.

지구에서 가장 춥다는 남극 지방은 어떨까. 그곳은 지금 한겨울이야. 우리나라와 정반대지. 한겨울이면 영하 30~40도를 오르내리고 눈폭풍이 몰아치는 날씨야. 그런데 남극의 세종 과학 기지가 있는 킹조지섬에는 지금 비가 내린대. 지구가 너무 빨리 뜨거워지기 때문이야.

킹조지섬에는 2023년에 6월부터 두 달간 비가 8번이나 내렸대. 그때만 그런 게 아니라 그 이전 6, 7년 전부터 겨울에 비가 자주 내린대. 비가 내리면 눈이 금방 녹아 버리지. 그래서 얼음(빙하나 빙산)이 새로 얼지 못하고, 있는 얼음도 녹아 버리는 거야. 북극의 얼음이 녹는 속도도 빨라지고 있어.

이런 뜻이에요

세종 과학 기지 남극 대륙의 자원과 환경을 조사·연구·개발하기 위하여 1988년 남극 지방에 만든 과학 연구 기지.

남극과 북극 지방의 얼음이 다 녹으면 어떻게 될까. 이곳에는 지구 전체의 얼음 가운데 97퍼센트(100 가운데 97)가 쌓여 있대. 특히 남극 지방에는 지구 전체의 얼음 86퍼센트가 한라산 높이인 평균 2000미터 두께의 얼음산을 이루고 있지.

남극은 땅(대륙)이고 북극은 바다야. 남극 대륙의 넓이는 중국과 인도를 합친 크기(1400만 제곱킬로미터)와 맞먹어. 그런데 그 넓이 전체에 얼음이 켜켜이 쌓여 산을 이룬 것이지. 그러니 얼음이 녹으면 바다로 흘러들어가 바닷물의 높이가 높아진단 말이야. 지금보다 50~70미터나 더 높아진대.

■ 북극에는 바다에 얼음이 떠 있다.

■ 남극 대륙의 얼음 두께는 한라산 높이만큼 두껍다.

■ 남극과 북극의 얼음이 모두 녹으면 바닷물의 높이가 최고 70미터 높아져 수많은 도시가 물에 잠긴다.

북극 지방의 얼음은 모두 녹아도 바닷물이 높아지지는 않아. 얼음이 거의 모두 바다에 떠 있기 때문이지. 컵에 물과 얼음을 함께 넣었을 때의 높이와 컵 안의 얼음이 다 녹았을 때의 높이가 달라지지 않는 거와 같아.

지구의 얼음이 모두 다 녹으려면 앞으로 수백 년은 더 걸릴 거야. 하지만 사람들은 얼음이 녹는 동안 상상도 할 수 없는 고통을 겪을 거야. 과학자들에 따르면 2014년부터 2019년까지 5년간 바닷물의 높이가 2.5센티미터 높아졌대. 바닷물의 높이가 1센티미터 높아질 때마다 세계적으로 600만 명이 집을 잃는다고 해.

■ 바닷물의 높이가 1센티미터 높아질 때마다 600만 명이 집을 잃는다.

가라앉은 도시 지도 만들기

🍀 활동 목표

* 해수면이 높아지는 까닭과, 북극과 남극 얼음의 차이를 이해한다.
* 얼음이 녹을수록 도시들이 어떻게 잠기는지 시각적으로 살펴본다.
* 해수면 단계별로 도시의 침수 상황을 지도 위에 색으로 표현한다.
* 도시가 잠기는 과정을 이야기로 만들고, 친구의 질문에도 답한다.

🍀 수업 전 배경과 개념 설명

* **해수면 상승** 얼음이 바다로 녹아 들어가면 바닷물의 높이가 높아짐.
* **북극 vs 남극** 북극은 바다 얼음이라 녹아도 물 높이는 거의 그대로이고, 남극은 육지 얼음이라 녹으면 높아짐.
* **침수 도시** 바닷가에 있는 도시일수록 먼저 물에 잠김.
* **수치 정보** 얼음이 모두 녹으면 해수면이 약 70미터 높아짐.
* **실험 원리** 컵 속의 얼음이 녹아도 높이가 안 변하듯, 북극 얼음은 해수면엔 거의 영향이 없음.

🍀 수업 활동

1) 문제 인식과 분석

도입 발문	지구의 얼음이 모두 녹는다면 어떤 도시부터 바닷물에 잠기게 될까요? / 우리 동네는 안전할까요? / 해수면은 왜 계속 높아질까요?
활동지 칸	해수면이 높아질 때 도시가 어떤 모습으로 변하는지 지도에 구체적으로 표현해 보세요. 침수되는 원인과 그 변화가 일어나는 과정을 자세히 설명해 보세요.

2) 조건 구성하기+시나리오 쓰기

• 아래 조건 중 3~4개와 내가 만든 조건 1개를 고른 뒤, 각각 어떤 문제를 나타내는지 쓰고, 어떤 순서로 도시가 침수되었는지 이야기로 연결해 보세요.

항목	설명
해수면+10미터	연한 파랑 → 초기 침수 도시를 지도에 색칠해요.
해수면+50미터	중간 파랑 → 해안선이 밀려나고 주요 도시가 부분 침수돼요.
해수면+70미터	진한 파랑 → 거의 모든 도시가 침수돼요.
침수 말풍선 카드	'이 도시는 물에 잠겼어요!'와 같은 문장을 붙여요.
내가 만든 조건	집 아이콘 지우기 → 침수된 우리 동네는 집 그림을 지워서 표현해요.
시나리오 예시	해수면이 높아질 때 도시가 어떻게 변하는지 '가라앉은 도시 지도'에 기록했어요. 10미터에서는 몰디브가, 50미터에서는 인천 일부가 잠겼어요. 70미터에서는 우리 동네까지 물이 찼어요. 친구가 북극 얼음에 대해 물어봐서 "물 높이는 거의 안 변해"라고 했어요.

3) 지도 그리기

• 세계나 우리나라 지도 위에 해수면 +10미터, +50미터, +70미터에 따라 침수된 도시를 색으로 나타내고, 각 도시에는 말풍선을 붙여 침수 이유나 도시의 변화를 적어 보세요.

표현 예시	① 몰디브 : +10미터에서 침수(가장자리 색칠). ② 인천 : +50미터에서 부분 침수(중간 색 표시). ③ 서울 : +70미터에서도 침수 안 됨(아직 안전해요). ④ 말풍선 : 우리 동네는 무사했어요. ⑤ 내가 만든 조건 : 우리 집은 70미터에서 잠겨 지웠어요.

4) 발표와 친구 질문 응답

발표 항목	예시 문장
지도 이름	'가라앉은 도시 지도'예요.
내가 고른 조건	해수면 +10미터, +50미터, +70미터, 침수 말풍선 카드를 사용했어요.
내가 만든 조건	우리 집 아이콘을 지우고 "우리 집이 잠겨 버렸어요."라는 말풍선을 붙였어요.
시나리오 요약	10미터에선 몰디브, 50미터에선 인천, 70미터에선 우리 동네까지 침수됐어요.
친구 질문과 응답	북극 얼음이 녹으면 해수면이 오르나요? → 바다에 떠 있어서 거의 안 변해요.

🍀 교사용 지도 포인트

단계	유도 질문 예시
문제 인식	얼음이 녹으면 왜 바닷물이 높아질까? / 북극 얼음이 녹으면 영향이 있을까?
조건 구성	어떤 도시가 먼저 잠길까? / 색으로 나누면 뭐가 잘 보일까?
내가 만든 조건	네가 만든 조건은 어떤 효과가 있었니? / 왜 그런 아이콘을 넣었니?
시나리오 구성	도시가 어떤 순서로 잠겼니? / 그 순서를 어떻게 정했니?
발표 유도	친구의 지도와 다른 점은 뭐였니? / 어떤 표현이 더 잘 전달되었니?

🍀 가라앉은 도시 지도 만들기 STEAM 활동 평가 루브릭

평가 루브릭				
평가 항목	5점(매우 우수)	4점(우수)	3점(보통)	2점 이하(미흡)
과학 개념 이해(해수면 상승, 남북극의 차이, 얼음 실험 원리, 침수 도시)	개념을 정확히 이해하고 도시 침수 진행 과정과 지도 표현에 잘 반영함. 북극과 남극의 차이도 용어와 사례로 설명함	과학 개념을 이해하고 지도나 말풍선 설명에 연결했으며, 용어 사용도 적절함	개념이 일부만 드러나며 설명이 부족하고, 지도와의 연결이나 사례도 약함	개념 이해가 없거나 설명과 지도 표현이 연결되지 않아 이해가 어려움
단계 구성과 흐름 완성도(단계 구성+내가 만든 기능+단계 연결+창의적 설계)	해수면 단계와 도시 침수 표현이 논리적으로 연결되고, 내가 만든 표현 요소도 창의적으로 설계됨. 흐름도 자연스럽게 이어짐	단계 구성과 도시 표현이 타당하고, 만든 요소도 있으며, 연결도 비교적 자연스러움	단계별 표현은 있지만 상황 진행 설명이 약하고 만든 요소의 창의성도 부족함	단계와 도시 표현이 단순 나열에 그치고, 상황 진행 설명과 창의성도 거의 없음
시각 표현과 지도 완성도(침수 단계, 도시 위치, 말풍선, 만든 요소)	도시 침수 단계를 색상과 말풍선으로 명확히 표현함. 위치와 침수 진행 과정도 시각적으로 잘 구성되어 전달력이 강함	대부분의 기능과 위치가 정리되어 있고, 시각 요소도 비교적 잘 표현됨	기능이나 침수 과정 표현이 부분적으로 드러나 있으며 시각 요소도 부족함	그림은 있으나 설명이 거의 없고 구조와 침수 과정이 전혀 드러나지 않았음
설명력과 발표 참여(시나리오 설명+친구 질문 응답)	침수 과정과 도시 변화 예시를 조리 있게 설명하고, 친구 질문에도 구체적이고 논리적으로 잘 응답하는 태도를 보임	침수 과정에 대한 설명이 자연스럽고, 친구의 질문도 대부분 이해해서 잘 응답함	발표가 짧거나 설명이 부족하며, 친구의 질문에 대한 응답도 구체성이 떨어짐	발표에 설명이나 질문 응답이 거의 없고, 침수 과정과 도시 변화가 불명확함
참여 태도와 협력성(활동 집중도+친구와의 협력)	활동에 집중하며 지도 설계에 적극 참여했고 친구와의 협력과 피드백도 활발히 이루어짐	활동 참여가 성실하고, 친구와 협력도 비교적 잘 이루어짐	활동에는 참여했지만 집중도나 협력 태도가 부족함	활동이 수동적이며 협력이나 설계 참여가 거의 없음

※총점 기준 해석표(총 25점)
★23~25점 : 매우 우수 ★19~22점 : 우수 ★15~18점 : 보통 ★10~14점 : 미흡 ★1~9점 : 매우 미흡

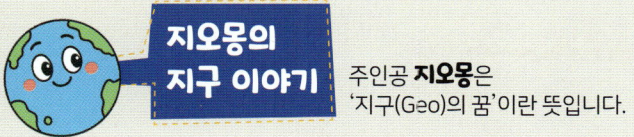

26

사하라 사막은 언제부터 사막이었을까

사막은 1년에 내리는 비와 눈을 모두 합친 양(강수량)이 25센티미터보다 적은 지역이야. 지구 전체로 보면 1년 강수량은 약 99센티미터야. 사막은 육지 전체 넓이의 4분의 1을 차지해. 대개 모래 언덕이나 바위 등으로 이뤄져 있어. 물이 적어서 나무나 풀이 거의 자라지 못하지.

사막은 열대 사막(뜨거운 사막)과 차가운 사막(한대 사막)으로 나눌 수 있어. 열대 사막은 사하라 사막처럼 낮에는 무척 뜨겁지만, 밤에는 0도까지 뚝 떨어져. 한대 사막은 남극 대륙의 드라이 밸리처럼 1년 내내 추운데, 200만 년간 비나 눈이 없었대.

■ 빙하가 지나가면서 만들어진 계곡인 남극 대륙의 '맥머도 드라이 밸리'. 제주도의 두 배 반 넓이다.

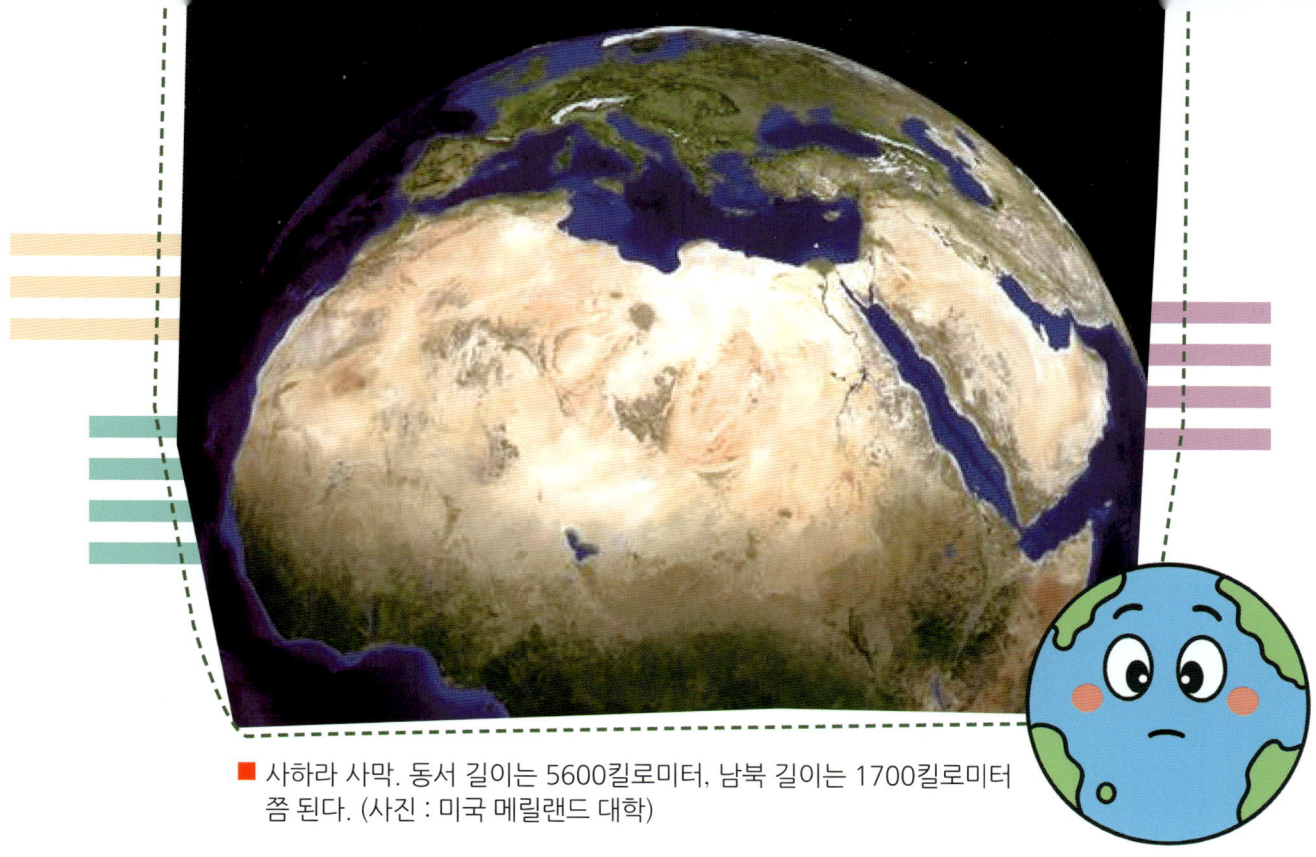

■ 사하라 사막. 동서 길이는 5600킬로미터, 남북 길이는 1700킬로미터 쯤 된다. (사진 : 미국 메릴랜드 대학)

　지구에서 가장 넓고 뜨거운 사막은 아프리카 북쪽의 사하라 사막이야. 현재 넓이는 남한의 98배(980만 제곱킬로미터)야. 낮 기온은 섭씨 50도까지 오르는데, 밤에는 영하로 떨어지는 곳도 있어. 이 사막은 지금도 계속 넓어지고 있어서 문제야.

　미국의 한 대학이 조사해 보니 사막의 넓이가 약 100년 전인 1920년보다 10퍼센트(100 가운데 10)나 더 넓어졌대. 사하라는 북아프리카를 가로질러 알제리와 이집트 등 11개 국가에 걸쳐 펼쳐져 있어. 이곳에는 비가 전혀 내리지 않는 곳도 있고, 많이 내리는 곳도 1년에 100밀리미터가 안 돼.

사하라 사막은 약 5000년 전까지만 해도 호수와 강이 있는 드넓은 초원이었어. 사람들은 처음에 사슴이나 토끼 등을 사냥하며 생활했어. 시간이 흐르면서 밀과 보리 등 농사를 지었지. 소나 양, 염소 등 가축도 길렀어. 자연스럽게 마을이 생겼지. 사람들은 축제를 열어 이웃끼리 우정을 다지고, 신에게 제사도 지냈어.

알제리의 타실리나제르 산맥의 바위에 그려진 그림들에는 사냥하고 춤추는 모습과 다양한 동물이 그려져 있어. 사막 여러 곳에서 옛사람들이 오랫동안 한곳에 머물며 생활했음을 알 수 있는 농사 도구와 가축의 뼈, 마을 흔적도 발견되었지.

■ 타실리나제르 산맥의 바위그림에는 사냥하는 모습이 그려져 있다. 이들 그림은 1만 2000년 전부터 3000년 전 사이에 그려졌다. (사진 : 유네스코)

　그런데 5000년 전부터 사하라의 기후가 갑자기 변하기 시작했어. 지구 자전축의 기울기가 조금씩 변하면서 기후가 변하고, 비가 내리는 양이 줄기 시작한 거야. 초원과 호수는 사라졌고, 땅은 더욱 메말라지면서 나무와 식물이 말라죽었지. 그러자 나무와 식물의 뿌리가 붙잡아 주던 흙이 강한 바람을 타고 날아가 평평한 지역을 모래로 덮어서 사막이 점점 넓어진 거야.

　사하라가 다시 초원으로 바뀔 가능성도 있다고 해. 기후학자들은 지구가 4만 1000년을 주기로 자전축의 기울기가 달라진대. 그럼 1만 2000년쯤이 더 지나면 다시 초원으로 변할 수 있다는 거야.

 **사막 초원화 장치 만들기**

🍀 활동 목표

* 사하라 사막의 기후 변화 과정을 이야기와 영상을 통해 이해한다.
* 사막화의 원인을 탐색하고, 생태 복원을 위한 상상 장치를 설계한다.
* 과학 개념과 창의 표현이 융합된 자기만의 해결책을 생각해 본다.
* 나의 아이디어를 친구 질문을 통해 보완하고 이야기로 구성해 발표한다.

🍀 수업 전 배경과 개념 설명

* **사막화** 초원이 비가 줄어들며 모래땅으로 바뀌는 과정.
* **사하라의 과거** 약 5000년 전에는 초원과 강, 호수가 있었고, 사람이 살던 지역임.
* **사하라의 현재** 지구에서 가장 넓고 뜨거운 사막으로, 지금도 확장 중.
* **기후 변화 원인** 자전축 기울기 변화로 강수량이 줄면서 초원이 사막으로 변함.
* **초원 회복 가능성** 약 1만 2000년 뒤에 다시 초원이 될 가능성이 있음.

🍀 수업 활동

1) 문제 인식과 분석

도입 발문	예전엔 풀이 많던 사하라가 왜 지금은 모래로 덮였을까요? / 사막화가 계속되면 어떤 일이 생길까요? / 사슴이 돌아온다면 어떤 기분이 들까요?
활동지 칸	사하라의 변화 과정을 사진과 영상 자료로 살펴본 뒤, 초원이 사막이 된 까닭과 다시 푸르게 만들 방법을 설계 도나 순서도로 자세히 정리해 보세요.

2) 기능 구성하기+시나리오 쓰기

• 아래 기능 중 3~4개와 내가 만든 기능 1개를 이용해 어떤 문제를 해결하는지 쓰고, 기능이 어떤 순서로 작동하며 어떤 결과를 만드는지 이야기처럼 자연스럽게 설명해 보세요.

항목	설명
씨앗 뿌리기	식물의 씨앗을 뿌려 초원을 만들기 시작해요.
물 모으기	공기 중의 수분을 모아 물로 바꾸는 일을 해요.
바람 막기 장치(방풍막)	강한 모래바람을 막아 식물을 보호해요.
열 반사판	햇빛을 반사해 땅의 온도를 낮춰요.
내가 만든 기능	햇빛 저장 장치 → 낮에 태양열을 모아 밤에도 장치가 작동할 수 있게 해요.
시나리오 예시	낮에는 열 반사 장치로 햇빛을 튕겨 땅이 뜨거워지지 않게 막고, 강한 모래바람도 방풍막으로 막았어요. 공기에서 수분을 모아 물로 바꾸고, 새벽에는 씨앗을 뿌렸지요. 낮에 저장한 햇빛 덕에 밤에도 장치가 작동했어요. 몇 년이 지나자 풀과 나무가 무성하게 자라났어요.

3) 설계도 그리기

• 반원형 기지나 장치 안에 필요한 기능을 알맞게 배치해 보세요. 색과 말풍선을 활용해 각 기능이 어디에서 작동하는지, 왜 필요한지까지 함께 그림으로 보여 주세요..

표현 예시	① 기지 이름(풀밭을 만들려고 만든 둥근 기지예요.) ② 열 반사판(햇빛을 튕겨 땅이 뜨거워지지 않게 해요.) ③ 수분 모으기(공기에서 물을 모아 쓸 수 있어요.) ④ 씨앗 뿌리기(새벽에 자동으로 씨앗을 뿌려요.) ⑤ 햇빛 저장 장치(낮에 햇빛을 모아 밤에도 써요.)

4) 발표와 친구 질문 응답

발표 항목	예시 문장
장치 이름	'그린스타터'예요.
내가 고른 기능	열 반사판, 수분 모으기, 씨앗 뿌리기, 바람 막기 장치를 골랐어요.
내가 만든 기능	햇빛 저장 장치를 새로 만들었어요. 밤에도 멈추지 않고 작동해요.
시나리오 요약	낮에 햇빛과 바람을 막고 물을 만들어요. 새벽엔 씨앗을 뿌리고, 밤엔 저장한 햇빛으로 움직여요.
친구 질문과 응답	밤에도 작동되나요? → 낮에 받은 햇빛을 저장해 두었다가 밤에도 써요.

❇ 교사용 지도 포인트

단계	유도 질문 예시
문제 인식	예전 사하라는 왜 초원이었을까? / 왜 사막이 되었을까?
기능 구성	초원으로 바꾸려면 어떤 기능이 필요할까? / 식물에 필요한 건 뭘까?
내가 만든 기능	이 기능이 왜 필요할까? / 없으면 어떤 문제가 생길까?
시나리오 구성	초원이 되려면 어떤 순서로 바뀔까? / 장치는 하루 동안 어떻게 움직일까?
발표 유도	친구의 장치와 뭐가 달랐을까? / 어떤 점이 더 좋았을까?

❇ 사막 초원화 장치 만들기 STEAM 활동 평가 루브릭

평가 항목	평가 루브릭			
	5점(매우 우수)	4점(우수)	3점(보통)	2점 이하(미흡)
과학 개념 이해(사막화 과정, 날씨 변화, 사하라가 변한 까닭, 식물의 성장 조건)	개념을 정확히 이해하고 장치 설계와 이야기 흐름에 잘 반영함. 사막화 원인과 회복 조건도 사례와 함께 구체적으로 설명함	개념을 잘 이해하고 장치 설명과 말풍선에 자연스럽게 연결시킴. 용어 사용도 적절함	개념이 일부만 드러나며 설명이 부족하고, 장치 기능과의 연결이 약함	개념을 잘 모르고 설명과 장치 표현의 연결성이 없어 이해가 어려움
기능 구성과 흐름 완성도(기능 구성+내가 만든 기능+기능 연결+창의적 설계)	기능 구성과 작동 과정이 논리적으로 연결되고, 만든 기능도 창의적으로 설계됨. 전체 작동 과정이 자연스럽게 이어짐	기능 구성과 표현의 연결이 타당하고 내가 만든 기능도 있으며 연결도 자연스러움	기능은 제시되었지만 기능 연결 설명이 부족하고, 창의성 표현도 약함	기능 표현이 나열에 그치고, 기능 연결과 창의성이 거의 드러나지 않음
시각 표현과 지도 완성도(기능 배치, 색 구분, 말풍선 설명, 구조 표현)	장치의 각 기능이 색상과 말풍선으로 명확하게 표현되며, 전체 구조와 작동 과정이 시각적으로 잘 구성되어 있음	장치의 기능과 위치가 잘 정리되어 있고, 시각적인 요소도 비교적 잘 표현되어 있음	기능이나 작동 순서 표현이 부분적으로 드러나거나 시각 요소가 부족함	그림은 있으나 설명이 거의 없고 기능 배치와 작동 과정이 뚜렷하지 않음
설명력과 발표 참여(시나리오 설명+친구 질문 응답)	장치 기능과 이야기를 조리 있게 설명하고 친구의 질문에도 자기 생각을 논리적이며 구체적으로 응답하는 태도를 보임	이야기의 설명이 자연스러우며, 친구의 질문에도 자신의 말로 대부분 잘 응답함	발표가 짧거나 기능·이야기 연결이 약하고, 질문 응답도 단편적임	설명이나 질문 응답이 거의 없고 이야기 전달이 안 돼 이해가 어려움
참여 태도와 협력성(활동 집중도+친구와의 협력)	활동에 집중하며 장치 설계에 적극 참여했고, 친구와의 협력과 피드백도 활발히 이루어짐	활동에 성실히 참여하고 친구와 협력도 비교적 잘 이뤄짐	활동에는 참여했지만 집중도나 협력 태도가 부족함	활동이 수동적이고 친구 협력과 피드백도 거의 없음

※총점 기준 해석표(총 25점)
★23~25점 : 매우 우수 ★19~22점 : 우수 ★15~18점 : 보통 ★10~14점 : 미흡 ★1~9점 : 매우 미흡

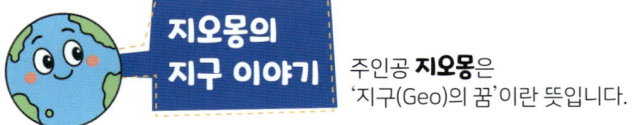
문어 '행복이' 지구의 주인이 되다

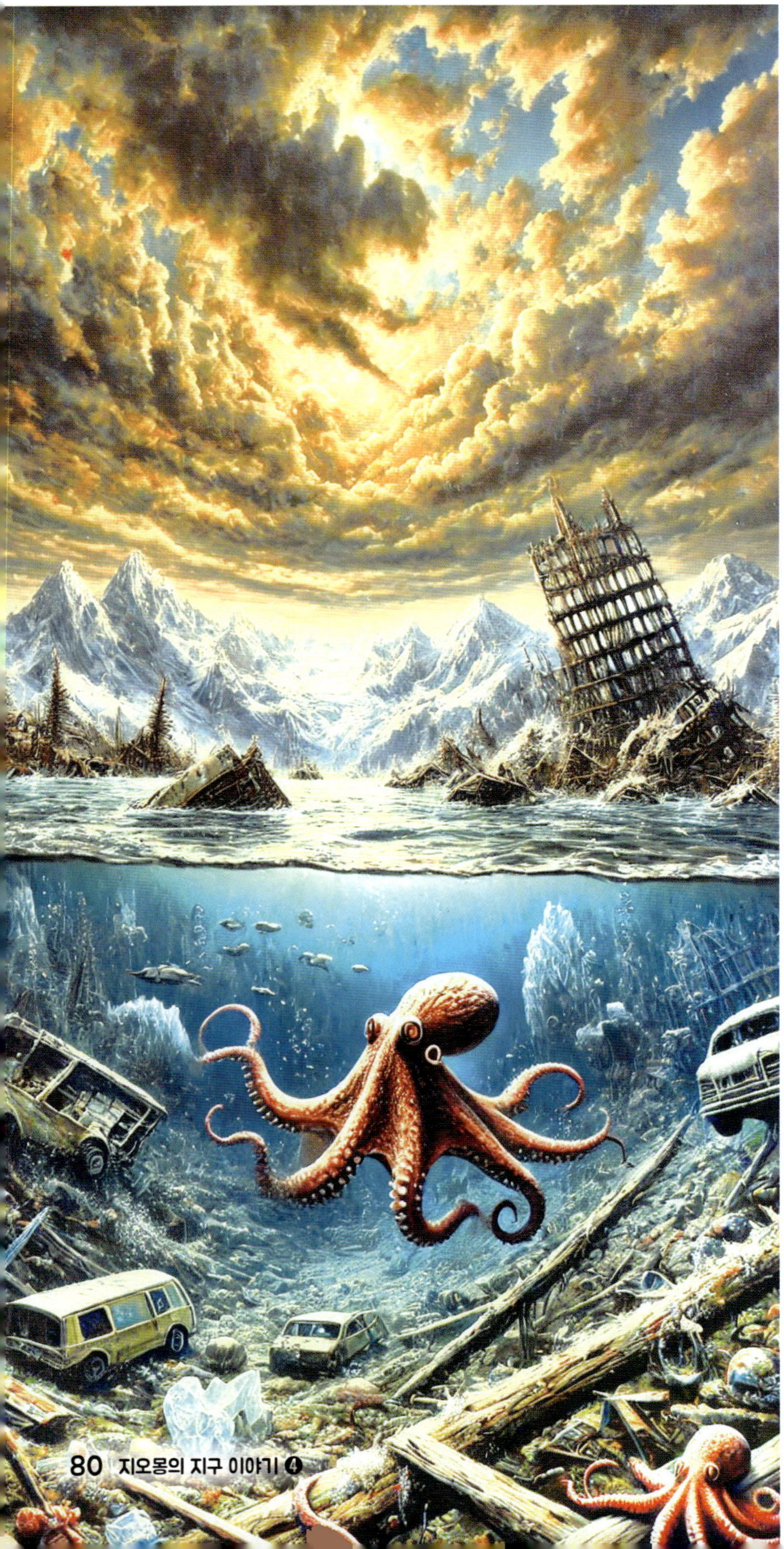

100년 뒤 인류는 기후 변화와 핵전쟁으로 멸망했어. 기온이 4도나 올라 빙하가 거의 다 녹았어. 바닷물의 높이가 30미터쯤 높아졌지. 남은 육지도 방사능 때문에 생물이 살기 어렵게 되었어. 온도가 높아진 바닷물은 산소가 부족해졌어. 이 바람에 플랑크톤이 사라지자 고래와 상어도 굶어죽었지.

꾀돌이 문어 '행복이'는 달랐어. 먹이를 찾아 깊은 바다와 해안가의 물웅덩이를 오가며 적응했지. 8개의 팔(촉수)에 달린 빨판으로 돌을 잡아서 조개를 깨 속살을 먹었어. 플라스틱 병 등 쓰레기로 방어벽을 쌓아 숨어 지낼 곳도 만들었지. 위기가 닥치면 피부색을 바꿔 몸을 숨기고, 먹물을 뿌려 적을 피했어.

이런 뜻이에요

조개 껍데기가 단단하고 열에 잘 견디며 자손을 퍼뜨리는 속도가 빨라, 온난화와 핵전쟁에서도 살 가능성이 크다.

500년 뒤

문어에게도 약점은 있었어. 수명(1~3년)이 너무 짧아 후손에게 자기 지식을 전하기 어려웠지. 또 문어는 아가미와 피부로 호흡하는데, 물 밖에서는 30분을 버티기 어려웠어. 그래도 행복이의 후손들은 포기하지 않았어.

500년 뒤 바닷물의 온도가 떨어졌어. 일부 육지는 방사능도 줄었지. 개구리와 곤충 등 동물이 나타나기 시작했어. 문어들은 돌과 조개껍데기로 웅덩이에 방어벽을 쌓아 안전한 은신처를 만들었어. 가족끼리 협력해 팔로 신호를 주고받으며 개구리나 곤충을 사냥했지. 물 밖에서 더 오래 머물 수 있게 피부도 단련시켰어. 그리고 인간이 뗀석기를 쓰던 시대처럼 도구를 사용해 생존 기술을 발전시켰어.

5000년 뒤

5000년 뒤 문어들은 바다와 육지를 연결하는 새로운 마을을 만들었어. 돌과 조개껍데기를 이용해 강 근처의 물웅덩이를 물길과 연결했지. 물웅덩이는 문어들의 집이 되고, 물길은 바다와 연결되는 통로로 이용되었어. 돌과 조개껍데기로 만든 작은 창고에는 사냥한 먹이를 저장했지.

돌로 쌓은 물웅덩이의 방어벽은 힘센 동물과 홍수에서 문어들을 지켜 주었어. 문어들은 공동체를 이뤄 팔로 신호를 주고받으면서 일을 나누고 협력했어. 돌로 그늘을 만들어 햇빛을 막고, 바닷물을 끌어들여 웅덩이의 온도를 조절했어. 생존 기술을 발전시키는 과정에서 문어들의 아이큐는 70까지 높아졌어.

100만 년 뒤 바닷가나 강 근처 곳곳에는 문어 마을이 생겼어. 문어들은 인간처럼 물레방아를 개발해 간단한 작업도 했어. 그리고 팔의 움직임과 피부색의 변화를 신호로 만들어 소통 방법을 발전시켰지. 바위에 부호를 남기는 방식으로 후손에게 지식도 전했어.

문어들의 아이큐는 90으로 높아졌고, 수명도 40년으로 늘어났어. 마을에는 학교도 생겼지. 젊은 문어들은 선조들의 지식을 배우며 신기술을 발전시켰어. 인류의 초기 농경 사회 수준까지 발전한 거야. 문어들은 사냥을 제한하고 자원을 관리하며, 바다와 육지의 생태계를 되살렸어. 행복이는 문어들의 위대한 선조로 기억되었어.

100만 년 뒤

문어 진화 팔 설계

🍀 활동 목표

* 기후 변화와 환경 변화 탓에 문어가 바다에서 생존하기 어려운 이유를 이해한다.
* 문어의 팔이 다양한 기능으로 진화할 수 있음을 과학적 개념과 연결해 배운다.
* 환경에 따라 필요한 팔 기능을 선택하고, 새로운 기능을 창의적으로 설계한다.
* 기능을 조합한 생존 시나리오를 상상하고, 팔 구조와 흐름을 그림과 발표로 표현한다.

🍀 수업 전 배경과 개념 설명

* **진화** 생물이 오랜 시간에 걸쳐 환경에 맞게 몸이나 기능을 바꾸는 과정.
* **적응** 지금 가진 기능을 환경에 맞게 사용하는 일.
* **기후 변화** 지구의 기온이 오르고, 물이 줄고, 생물이 살기 어려워지는 현상.
* **문어의 팔** 문어의 팔에는 빨판이 있어 감지, 도구 사용, 위장, 방어 등 여러 기능을 할 수 있음.
* **공동체 협력** 여러 개체가 힘을 모아 먹이를 구하거나 함께 살아가는 방식.

🍀 수업 활동

1) 문제 인식과 분석

도입 발문	지구가 더워지고 물이 줄면 문어는 어떻게 살아야 할까요? / 문어가 땅에서도 살려면 어떤 팔이 필요할까요? / 팔의 기능은 어떻게 바뀌어야 할까요?
활동지 칸	기후 변화로 환경이 바뀐 지구에서 문어가 바다와 육지에서 살아남으려면 어떤 팔이 필요할지 상상하고, 그 기능을 자세히 생각해 설계해 보세요.

2) 팔 기능 구성하기+진화 시나리오 쓰기

• 아래 팔 기능 중 3~4개를 고르고, 각각 왜 필요한지 써 보세요. 내가 만든 팔 기능 1개도 넣고, 이 팔들을 어떤 상황에서 쓰는지 이야기로 구성해 보세요.

항목	설명
감각 팔	뜨거운 땅의 열이나 진동을 느껴 위험을 미리 감지해요.
위장 팔	모래 색이나 바위 색으로 몸을 바꿔 적에게 들키지 않게 해요.
도구 팔	먹이를 꺼내거나 돌을 옮기는 데 쓰여요.
방어 팔	몸을 감싸거나 물을 뿌려 공격을 막을 수 있어요.
내가 만든 기능	물 저장 팔 → 새벽에 이슬을 모아 물을 저장하고 낮에 쓸 수 있게 해요.
시나리오 예시	문어 '행복이'는 감각 팔로 땅의 열기를 미리 감지했어요. 위장 팔로 몸을 모래 색으로 바꿔 숨고, 도구 팔로 조개껍데기를 열어 먹이를 꺼냈어요. 위협이 닥치자 방어 팔로 몸을 감쌌고, 낮에는 물 저장 팔 덕분에 갈증 없이 오랫동안 버틸 수 있었어요.

3) 진화한 팔 설계도 그리기

• 진화한 문어 팔 4개를 그림으로 나타내 보세요. 각 팔은 번호나 색으로 구분하고, 말풍선을 사용해 이름과 기능을 적으세요. 팔의 위치나 길이, 굵기를 함께 표현해도 좋아요.

표현 예시	① 감각 팔(뜨거운 바람이나 열기를 먼저 느껴요.) ② 위장 팔(주변 색으로 몸을 바꿔 숨어요.) ③ 도구 팔(조개껍데기를 열거나 도구를 집어요.) ④ 방어 팔(물을 뿌리거나 팔로 몸을 감싸요.)

4) 발표와 친구 질문 응답

발표 항목	예시 문장
문어 이름	'행복이'이에요.
내가 고른 기능	감각 팔, 위장 팔, 도구 팔, 방어 팔을 선택했어요.
내가 만든 기능	낮에 모은 이슬을 저장하는 '물 저장 팔'을 새로 만들었어요.
시나리오 요약	행복이는 감각 팔로 열기를 느끼고, 위장 팔로 숨었어요. 도구 팔로 먹고, 방어 팔로 막아요.
친구 질문과 응답	물이 더 없으면 어떻게 해요? → 물 저장 팔로 이슬이나 습기를 모아 다시 쓸 수 있어요.

🍀 교사용 지도 포인트

단계	유도 질문 예시
문제 인식	문어가 땅에서도 살아야 한다면 어떤 점이 어려울까? / 더운 날씨에는 어떤 위험이 생길까?
기능 구성	이 팔을 고른 이유는 뭘까? / 이 기능이 어떤 문제를 해결할 수 있을까?
내가 만든 기능	네가 만든 팔은 왜 필요했을까? / 그 팔이 없으면 어떤 상황이 힘들까?
시나리오 구성	이 팔들이 어떤 순서로 작동했는지 말해 볼까? / 문어가 언제 그 기능을 쓰게 됐을까?
발표 유도	친구의 문어와 어떤 기능이 같았을까? / 네 문어만의 특징은 뭐였을까?

🍀 문어 진화 팔 설계 STEAM 활동 평가 루브릭

평가 루브릭				
평가 항목	5점(매우 우수)	4점(우수)	3점(보통)	2점 이하(미흡)
과학 개념 이해(진화, 적응, 기후 변화, 육지 생존 조건)	진화, 적응, 생존 개념을 정확히 이해하고 기능 설명이나 시나리오에 자연스럽게 반영함. 과학 용어도 적절히 사용됨	개념은 드러나지만 기능이 쓰이는 상황의 연결이나 과학 용어 사용에 다소 불분명함이 있음	일부 개념만 표현되었고, 연결이 단편적이거나 기능과의 관계가 약한 편임	개념 이해가 부족하고, 기능 설명과 따로 놀아 의미 전달에 어려움이 있음
기능 구성과 흐름 완성도(기능 구성+내가 만든 기능+기능 연결+창의적 설계)	기능 4개 이상이 상황에 맞게 연결되고, 만든 기능도 창의적임. 감지 → 대응 → 생존으로 명확하게 이어짐	기능은 대부분 상황과 연결되고, 작동 과정도 적절함. 내가 만든 기능의 창의성은 평범함	기능은 있지만 작동 순서나 상황이 단조롭고 연결도 약함. 만든 기능이 없거나 겹침	기능의 연결 논리가 약하며 만든 기능도 없고 상황 반영이나 창의성도 잘 보이지 않음
시각 표현과 설계도 완성도(팔 그림, 말풍선, 색 구분, 기능 위치)	설계도에 팔 구조, 번호, 색 구분, 말풍선 설명이 모두 적절하게 표현됨. 도구나 환경 요소도 함께 잘 나타남	기능 위치와 설명이 대부분 적절히 연결되어 있고, 그림과 글의 조화가 잘 이루어짐	그림이나 설명은 있지만 한쪽이 부족하거나, 말풍선의 위치와 의미가 다소 모호함	그림은 있지만 설명이 거의 없고 기능 위치가 잘 드러나지 않아 이해가 어려움
설명력과 발표 참여(시나리오 설명+친구 질문 응답)	발표에 조리가 있으며, 기능 선택 이유나 사용 상황을 자세하게 설명하고 친구의 질문에도 논리적으로 응답함	발표 내용이 비교적 충실하고 기능 설명이나 응답도 거의 자연스럽게 이뤄짐	설명이 짧거나 핵심이 빠짐. 질문에 대한 답변이 부족하거나 자신감 없이 응답함	발표 내용이 불명확하며 설명 순서가 맞지 않고 친구 질문에도 응답하지 못함
참여 태도와 협력성(활동 집중도+친구와의 협력)	활동에 집중하며 설계를 끝까지 완성했고, 친구와의 소통·피드백도 활발함. 책임 있는 태도임	대부분 성실히 참여했고 친구와 협력해서 발표 준비에도 기여함	활동엔 참여했지만 설계 완성도가 낮고 협력·피드백이 소극적임	수동적으로 참여해서 협력·소통·설계 완성도 모두 낮은 편임

※총점 기준 해석표(총 25점)
★23~25점 : 매우 우수 ★19~22점 : 우수 ★15~18점 : 보통 ★10~14점 : 미흡 ★1~9점 : 매우 미흡

지오몽의
지구 이야기

주인공 **지오몽**은
'지구(Geo)의 꿈'이란 뜻입니다.

■ 판끼리 서로 밀거나 당기면서 힘이 쌓이면 어느 순간에 경계 부분에서 지진이 일어난다.

기후 변화가
지진
위험 키운다

지구의 땅거죽(지각)은 퍼즐처럼 7개의 큰 조각과 여러 개의 작은 조각으로 나뉘어 있어. 이 조각을 판이라고 해. 판은 1년에 1~10센티미터씩 움직이며 서로 밀거나 당기지. 이때 힘이 계속 쌓이는데, 한순간에 쌓인 힘이 방출되면 지진이 일어나. 고무판을 구부렸다 놓으면 튕기듯 움직이는 것과 같아.

일본처럼 여러 판이 만나는 곳에서는 지진이 자주 일어나. 우리나라와 같이 판의 안쪽에서도 지진이 생겨. 2017년 포항 지진이 그런 예야. 땅속에서 판이 밀리거나 당겨지면서 단층(암석층에 금이 가서 어긋난 곳)에 힘이 쌓이다가, 갑자기 단층이 움직이면서 지진이 나는 거지.

기후 변화로 남극과 북극의 빙하가 빠르게 녹고 있어. 북극 지역의 아이슬란드와 그린란드가 특히 심해. 빙하가 녹으면 누르는 힘이 약해지면서 빙하 밑의 땅이 천천히 솟아올라. 그럼 단층이 자극을 받아 지진 위험이 커지지.

빙하가 녹으면 바닷물의 높이가 상승하면서 바닷물의 무게도 늘어나. 이때 바닷물이 그 밑의 땅을 누르는 힘도 세지면서 지진 위험이 커지지. 바닷물이 10센티미터 높아지면 지진 위험이 5퍼센트(100 가운데 5) 늘어난다는 연구도 있어. 비나 눈이 많이 내려도 문제야. 빗물이 땅속의 빈 공간을 채우면서 단층을 누르는 힘이 세지고, 지진 위험이 커지는 거야.

빙하 녹음 → 바닷물 상승 → 지진 위험 상승

해수면 상승

압력

이런 뜻이에요

아이슬란드 넓이는 남한(10만 3000제곱킬로미터)과 비슷하며, 인구 39만 명의 독립국이다. 빙하의 평균 두께는 400~500미터다.
그린란드 넓이는 남한의 22배(216만 6086제곱킬로미터) 가까이 되며, 인구는 5만 6000명이다. 덴마크 땅인데, 빙하의 평균 두께는 1500미터다.

북극과 가까운 아이슬란드는 평균 400~500미터 두께의 빙하로 덮여 있어. 요즘 들어 빙하가 빠르게 녹으면서 단층이 더 많이 움직이고 있지. 아이슬란드에는 약 130개의 화산이 있는데, 이 때문에 2021년 이후 화산과 지진 활동이 잦아졌어. 2024년 8월에는 지진이 일어난 뒤 화산이 폭발해 땅이 약 4킬로미터 길이로 갈라졌대.

■ 아이슬란드의 빙하가 녹으면서 지진과 화산 활동이 자주 일어나고 있다.

■ 아이슬란드의 단층. 단층이란 지각에 변동이 생겨서 지층이 끊어지거나 어긋난 곳을 말한다.

빙하가 녹아서 땅이 치솟고 단층이 움직이면서 화산과 지진이 생기는 거야. 레이캬네스반도의 경우 2021년 이후 3년간 6번이나 화산이 폭발했어. 과학자들은 해수면이 높아지면서 지진과 화산 활동이 더욱 늘어날 거라고 해.

유라시아판
북아메리카판
태평양판
필리핀판

■ 한반도는 삼면이 바다여서 바닷물의 높이가 상승할수록 지진 가능성이 커진다.

우리나라는 유라시아판의 안쪽에 있지만, 지진에서 안전하지 않아. 태평양판과 필리핀판이 유라시아판 아래로 밀려들면서 생긴 힘이 한반도에도 영향을 줘. 게다가 우리나라는 삼면이 바다야. 해수면이 높아지면 그 무게도 늘어나 바다 밑을 누르는 힘이 세지는 거지. 그럼 지진 가능성이 커진다는 말이야.

2016년의 경주 지진과 2017년 포항 지진을 보면, 우리나라도 지진에서 자유롭지 않아. 2022년 태풍(힌남노)이 지나갈 때 경상북도에서 작은 지진이 여러 번 났어. 폭우가 땅속으로 스며들어 단층에 영향을 줬을 거래. 기후 변화로 지진 위험이 커지는 거지.

> 이런 뜻이에요
>
> **유라시아판** 지구에서 두 번째로 큰 판. 유럽과 아시아의 대부분, 한반도, 인도의 일부를 포함한다. 판의 내부에도 단층이 많아 지진이 발생할 수 있다.
> **태평양판** 지구에서 가장 큰 해양판. 태평양을 덮고 있는데 일본과 필리핀판과 만나서 지진과 화산 활동이 활발하다.

지진에도 안전한 마을 만들기

🍀 활동 목표

* 지진이 일어나는 원리를 과학적으로 이해한다.
* 기후 변화가 지진 위험을 높일 수 있음을 설명할 수 있다.
* 지진에 안전한 마을 구조와 시설을 직접 설계한다.
* 각 시설의 기능을 구조도와 이야기로 표현하그 설명한다.

🍀 수업 전 배경과 개념 설명

* **지진** 땅속 단층에 쌓인 힘이 갑자기 터지면서 땅이 흔들리는 현상.
* **단층** 지층이 끊어지거나 어긋난 부분. 힘이 쌓이면 지진이 자주 발생한다.
* **기후 변화와 지진** 빙하가 녹고 바닷물이 높아지면 땅을 누르는 힘이 달라져 지진 위험이 커짐.
* **방재** 자연재해를 미리 대비해 피해를 줄이는 활동. 구조를 안전하게 설계한다..
* **내진 설계** 지진에도 무너지지 않도록 건물이나 구조물을 튼튼하게 설계하는 방법.

🍀 수업 활동

1) 문제 인식과 분석

도입 발문	지진은 왜 갑자기 일어날까요? / 기후 변화가 지진에 영향을 줄 수 있을까요? / 지진이 와도 안전한 마을은 어떻게 만들 수 있을까요?
활동지 칸	지진 피해를 줄일 수 있는 마을을 상상해 설계해 보세요. 구조물, 시설, 대피 경로 등을 생각해 나만의 안전 마을을 만들어 봅시다.

2) 마을 시설 구성하기+시나리오 쓰기

• 아래 시설 중 3~4개를 고르고, 내가 만든 기능(시설) 1개도 추가해 보세요. 각각 어떤 문제를 해결하는지 쓰고, 시설들이 어떤 순서로 작동하는지 이야기로 정리해 보세요.

항목	설명
감지 센서	땅의 흔들림을 빠르게 감지해 지진 발생을 알려 줘요.
내진 건물	튼튼하게 설계되어 지진에도 쉽게 무너지지 않아요.
대피소	지진이 났을 때 사람들이 안전하게 모일 수 있어요.
방송 시스템	감지된 지진 정보를 방송으로 빠르게 전달해요.
내가 만든 시설	자동 정지 놀이터 → 흔들림을 느끼면 놀이기구가 멈춰 아이들을 보호해요.
시나리오 예시	센서가 땅의 흔들림을 빠르게 감지하자 방송이 울렸고, 자동 정지 놀이터가 즉시 작동해 놀이기구가 멈췄어요. 아이들은 놀이기구가 멈춘 덕분에 다치지 않았고, 선생님의 안내에 따라 대피소로 안전하게 이동했어요. 놀이터가 아이들을 지켜 준 거예요.

3) 마을 설계도 그리기

• 지진 안전 마을의 주요 시설이 어디에 있는지 그림으로 나타내 보세요. 학교, 병원, 놀이터 등을 배치하고, 말풍선이나 선으로 각 시설의 기능과 작동 순서를 나타내 보세요.

표현 예시	① 센서(입구에서 흔들림을 먼저 감지해요.)　② 방송탑(중심에서 경보를 알려요.) ③ 놀이터(지진이 오면 자동으로 멈춰요.)　④ 대피소(병원 옆이라 환자들이 빨리 이동해요.) ⑤ 내진 건물(병원과 학교가 튼튼하게 설계되었어요.)

4) 발표와 친구 질문 응답

발표 항목	예시 문장
마을 이름	'안전누리 마을'이에요.
내가 고른 시설	감지 센서, 방송 시스템, 내진 건물, 대피소를 골랐어요.
내가 만든 시설	흔들림이 감지되면 놀이기구가 멈춰 아이들을 보호할 수 있게 자동 정지 놀이터를 만들었어요.
시나리오 요약	센서가 흔들림을 감지하자 방송이 울리고, 아이들은 멈춘 놀이터에서 대피소로 이동했어요.
친구 질문과 응답	정전이면 방송은 안 되나요? → 방송은 태양광으로 작동해 정전이어도 울려요.

☘ 교사용 지도 포인트

단계	유도 질문 예시
문제 인식	지진은 왜 생길까? / 기후 변화가 지진에 영향을 줄 수 있을까?
시설 구성	우리 마을엔 어떤 시설이 필요할까? / 어떤 위험을 줄일 수 있을까?
내가 만든 시설	네가 만든 시설은 왜 필요할까? / 어떤 상황에서 가장 도움이 될까?
시나리오 구성	지진이 나면 시설들이 어떤 순서로 작동하나? / 사람들은 어디로 어떻게 움직일까?
발표 유도	네 마을의 시설 중 가장 자랑하고 싶은 건 뭐야? / 친구의 마을과 다른 점은 뭘까?

☘ 지진에도 안전한 마을 만들기 STEAM 활동 평가 루브릭

평가 루브릭				
평가 항목	5점(매우 우수)	4점(우수)	3점(보통)	2점 이하(미흡)
과학 개념 이해(지진, 단층, 기후 변화, 내진 설계)	지진과 단층의 원리, 기후 변화가 지진 위험에 미치는 영향을 이해하고, 설계와 설명 전개에 반영함. 실제 사례나 현상 예시도 포함됨	주요 개념이 설계나 말풍선 설명에 비교적 잘 드러나며, 과학 용어 사용도 적절함	개념은 일부 표현되었으나 설명이 부족하거나 기능과의 연결이 약함	개념 이해가 부족하고, 설계나 설명과의 연결이 명확하지 않음
시설 구성과 흐름 완성도(시설 구성+내가 만든 시설+시설 연결+창의적 설계)	기능 구성과 작동이 논리적으로 연결되고, 내가 만든 기능도 창의적으로 설계됨. 대피 절차나 기능 작동 단계도 자연스럽게 이어짐	기능 구성과 전개가 타당하고 내가 만든 기능도 포함되며 순서도 자연스러움	설명 과정이 부족하고, 내가 만든 기능의 창의성도 충분히 드러나지 않음	기능이 단순히 나열되며, 작동 과정과 창의적 요소가 거의 드러나지 않음
시각 표현과 설계도 완성도(시설 배치, 말풍선, 작동 순서, 대피 경로)	시설 위치와 구조가 그림, 색상, 말풍선 등으로 잘 표현되고, 대피 경로와 진행 순서도 시각적으로 명확하게 구성됨	기능과 위치가 비교적 정리되어 있으며, 시각 요소도 적절하게 표현됨	기능이나 기능 연결 표현이 일부만 드러나고, 시각 요소도 다소 부족함	그림만 있고 기능 설명이나 기능의 작동 과정이 거의 드러나지 않음
설명력과 발표 참여(시나리오 설명+친구 질문 응답)	기능 작동과 대피 과정을 조리 있게 설명하고, 만든 시설도 자연스럽게 소개함. 친구 질문에도 구체적으로 잘 응답함	이야기 흐름이 자연스럽고 기능 설명도 명확함. 질문에도 대부분 잘 응답함	설명이 부족하거나 단편적이며, 친구의 질문에 대한 응답도 간단함	설명이나 질문 응답이 거의 없고 전달이 어렵거나 발표가 소극적임
참여 태도와 협력성(활동 집중도+친구와의 협력)	활동에 집중하며 설계와 기능 구성에 성실했음. 친구와의 협력도 활발했으며 창의적인 아이디어도 담겼음	성실히 참여하고 협력도 잘했으며, 창의적인 설계도 포함됨	활동은 참여했지만 집중도나 협력이 약하고 아이디어도 평범함	활동이 수동적이고 협력과 피드백이 없으며 창의성도 약함

※총점 기준 해석표(총 25점)
★23~25점 : 매우 우수 ★19~22점 : 우수 ★15~18점 : 보통 ★10~14점 : 미흡 ★1~9점 : 매우 미흡

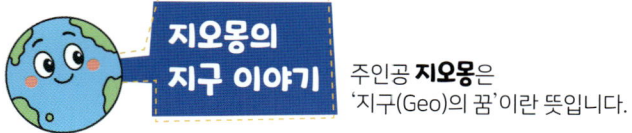

지오몽의
지구 이야기
주인공 **지오몽**은
'지구(Geo)의 꿈'이란 뜻입니다.

지구 최강 생물

■ 지구 생물은 온도가 적당하고 물과 공기, 햇빛, 양분이 있어야 살 수 있다.

지구 생물은 물과 공기, 햇빛, 양분이 있어야 살 수 있어. 공기에는 산소와 이산화탄소가 들어 있지. 생물이 숨쉴 때 몸속으로 들어와 에너지를 만드는 데 쓰여. 햇빛은 식물이 양분을 만들 때 에너지를 제공해. 온도가 너무 높거나 낮아도 살기 어렵지.

생물은 대개 섭씨 0~40도에서 살아. 생물은 또 햇빛에 포함된 자외선이나 방사선이 강해도 병에 걸려 죽어. 독성이 강한 화학 물질이 있어도 마찬가지야. 생물체는 이러한 환경이 갖춰지지 않으면 살지 못해. 그런데 상상 이상으로 온도가 높거나 낮은 등 좋지 않은 환경에서 사는 생물체도 있어.

1986년 폭발한 체르노빌 원자력 발전소.

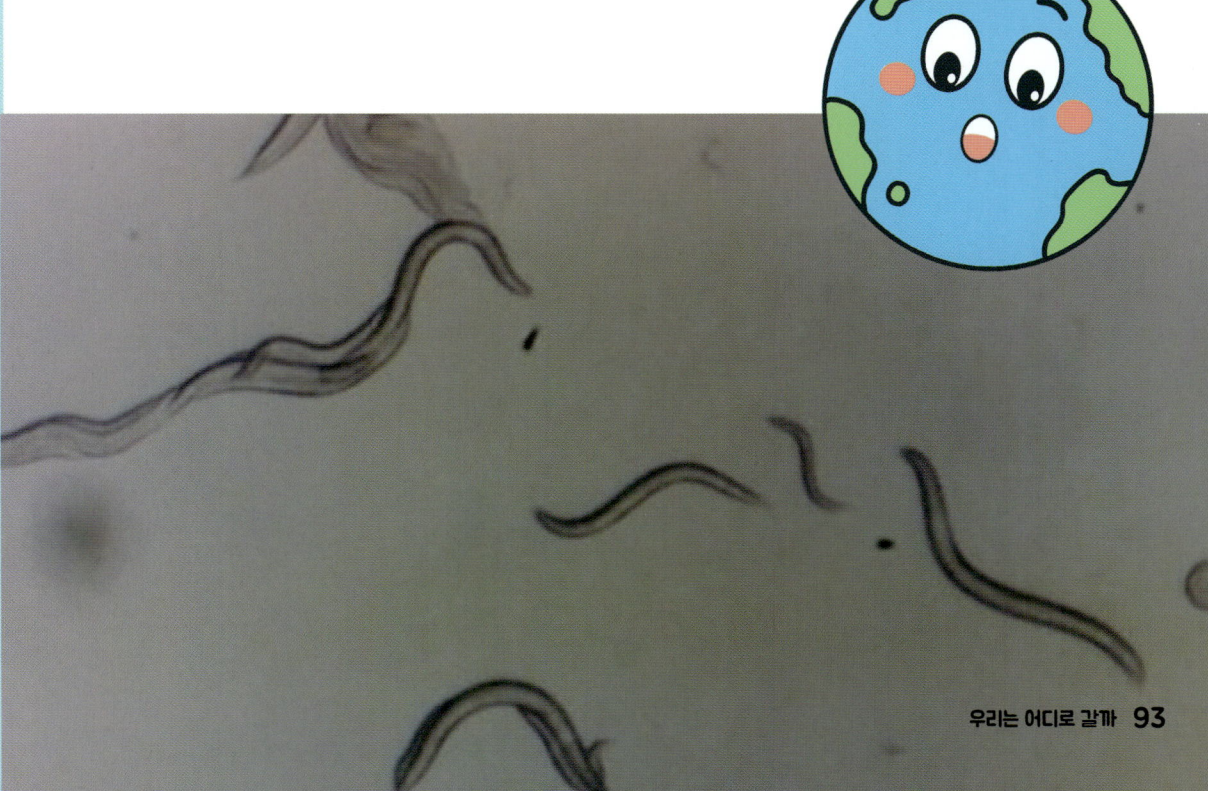

출입이 금지된 체르노빌 원자력 발전소 지역에서 사는 선충들. (사진 : 미국 뉴욕대 홈페이지)

우크라이나의 체르노빌에 있는 원자력 발전소에 1986년 폭발 사고가 났어. 이 바람에 무척 많은 방사능이 새어 나와 수십만 명이 죽거나 다쳤지. 주변 30킬로미터는 지금도 출입 금지 구역으로 지정되어 사람이 접근할 수 없어.

미국 뉴욕대 연구팀이 2024년 3월 출입이 금지된 곳의 땅과 썩은 과일 등에서 지렁이 모양의 작은 벌레(선충)들을 잡아다 분석했어. 그런데 이들 벌레에게 방사선을 이겨 내는 힘이 생겼다는 거야. 지난 2022년 스페인 오비에도대 등의 공동 연구팀도 이곳의 청개구리와 늑대가 방사선을 이기는 '초능력'이 생겼다고 확인했어.

■ 2009년 촬영된 남태평양 웨스트마타 화산 주변에서 사는 새우들.

　2009년 미국의 과학자들은 남태평양 바다 밑 1000미터 지점에서 폭발하는 화산 모습을 로봇으로 관찰한 적이 있어. 섭씨 1200도의 용암이 폭포수처럼 뿜어 나왔지. 이 지역은 바닷물의 압력이 세고 온도도 무척 높아. 화산에서 독성이 강한 화학 물질이 나와서 생명체가 살기 어렵지.

　그런데 새우가 사는 모습이 발견되었어. 상어도 살아. 빙하 속에서도 추위에 적응한 생물체가 살아. 몸길이가 2~4센티미터인 '빙하벌레'가 대표적이야. 이들 벌레는 온도가 낮아도 몸이 얼지 않도록 몸속에서 특수한 물질을 만들어 내. 빙하 속 물에 녹아 있는 양분을 먹고 산대.

■ 잠에서 깬 4만 6000년 전 석기 시대 '빙하벌레'(몸길이 1밀리미터). (사진 : 독일 막스 플랑크 협회 연구소 홈페이지 캡처)

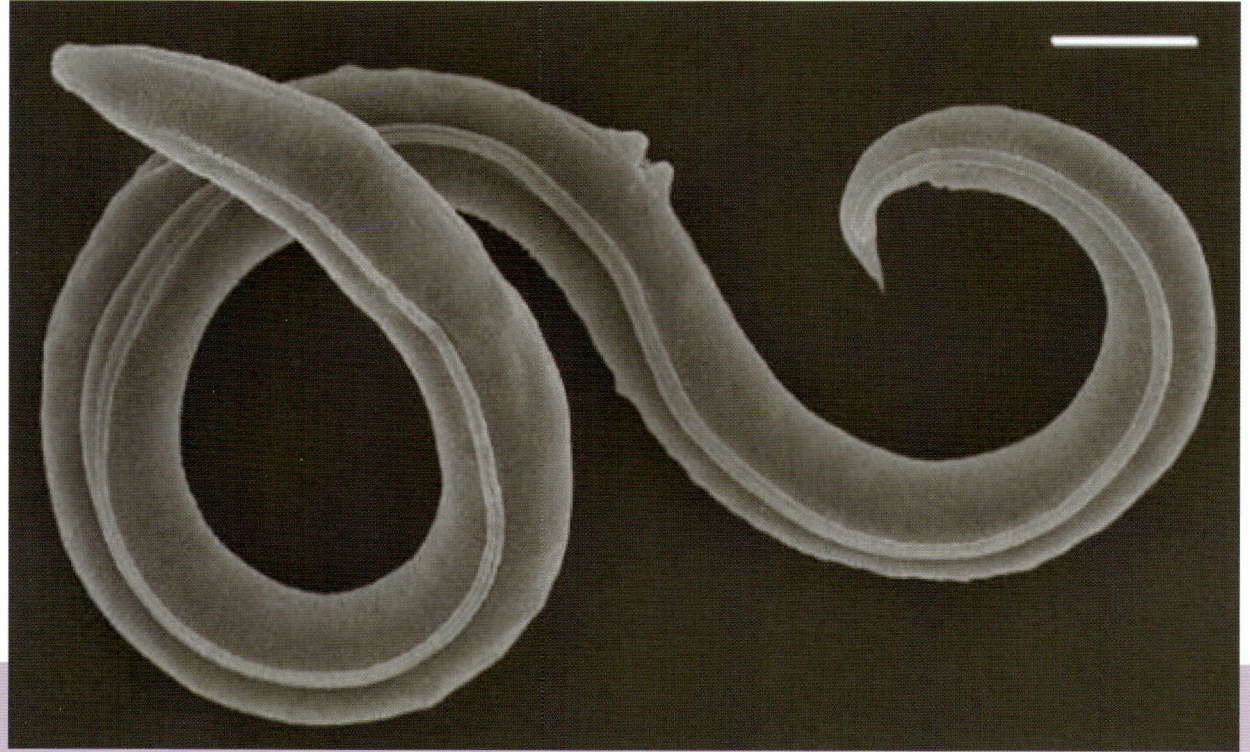

■ 극지방과 깊은 바다, 적도까지 지구 전체에서 사는 곰벌레. 1000여 종이 발견되었는데, 수명은 3개월~2년 반이다. (사진 : 영국 BBC 캡처)

■ 곰벌레는 최악의 우주 환경에서도 살아남는다. (사진 : 미국 라이브 사이언스 웹사이트)

뭐니 뭐니 해도 지구 최강의 생물은 몸길이 0.1~1.7밀리미터 정도의 곰벌레야. 8개의 발이 있는데, 곰을 닮아 이런 이름이 붙었어. 곰벌레는 몸무게의 85퍼센트(100 가운데 85)가 물이야. 그런데 10년간 물을 안 마셔도 견딜 수 있어.

무엇보다 섭씨 151도의 초고온과 영하 272도의 극저온에서도 버틸 수 있대. 6000기압의 힘으로 눌러도 끄떡없지. 우주의 진공 상태에서도 오랫동안 살아남고, 사람이 쐬면 죽는 양의 1000배가 넘는 방사선을 쐬어도 죽지 않아. 2007년에 유럽의 과학자들이 곰벌레를 10일간 진공 상태의 우주 공간에서 실험한 결과 증명된 거야.

이런 뜻이에요
6000기압 가장 깊은 바다 밑에 전달되는 기압의 6배 수준임.

 **활동**

극한 환경 생존 장치 또는 약물 개발

🍀 활동 목표

* 생물이 살아가기 위해 어떤 조건이 필요한지 과학적으로 이해한다.
* 미래 재난 상황 속 극한 환경에서 생존에 필요한 조건을 분석한다.
* 생존을 위해 필요한 기능을 선택한 뒤 창의적인 장치 또는 약물로 설계한다.
* 설계 구조와 기능을 그림으로 표현한 뒤, 이야기로 설명하고 발표한다.

🍀 수업 전 배경과 개념 설명

* **생존 조건** 생물이 살기 위해 필요한 물, 공기, 온도, 양분, 방어 환경 등.
* **극한 환경** 고온, 극저온, 방사선, 산소 부족, 독성 등 생존이 어려운 조건.
* **미래 재난** 온난화, 핵전쟁, 소행성 충돌, 식량 고갈 등 생존 위협 상황.
* **극한 생물** 곰벌레, 빙하벌레 등 극한 조건에서도 생존 가능한 생물.
* **생존 전략** 외부 장치(헬멧, 보호복 등) 또는 내부 약물(주사, 캡슐 등)로 기능 설계 가능.

🍀 수업 활동

1) 문제 인식과 분석

도입 발문	극한 상황이 닥치면 사람들은 어떤 방법으로 살아남을 수 있을까요? / 어떤 환경이 가장 무섭고 위험하다고 느껴지나요? / 그 이유는 무엇일까요?
활동지 칸	여러 재난 시나리오 중에서 하나를 선택해 보세요. 그 상황에서 가장 위험하다고 생각되는 문제를 한 가지 정하고, 그 이유도 자세히 써 보세요.

2) 기능 구성하기+시나리오 쓰기

• 극한 환경(예시는 핵전쟁)을 가정한 뒤, 아래 조건에서 3~4개와 내가 만든 조건 1개를 선택하세요. 각 조건이 필요한 이유와 그 조건이 생존에 주는 도움을 이야기로 표현하세요.

항목	설명
열막 보호복	뜨거운 환경에서 몸이 타지 않도록 보호해요.
방사선 차단막	방사선이 몸에 들어오는 걸 막아 줘요.
산소 저장 캡슐	숨쉴 산소가 없을 때 도움이 돼요.
영양 압축 식량	소량만 먹어도 오래 버틸 수 있어요.
내가 만든 기능	기억 복원 주사 → 방사선으로 손상된 뇌세포를 회복시켜 기억을 지켜요.
시나리오 예시	핵전쟁이 났어요. 보호복이 열을 막아 몸을 지켜 주고, 헬멧 안 방사선 차단막이 유해한 방사선을 막았어요. 산소 캡슐로 숨쉬며 압축 식량을 나눠 먹고, 오랫동안 함께 버텼어요. 마지막에는 기억 복원 주사로 손상된 뇌세포를 회복해 잃었던 기억을 되찾았어요.

3) 생존 전략 설계도 그리기

• 선택한 기능들이 몸의 어디에서 작동하는지 그림으로 표현해 보세요. 헬멧, 복장, 캡슐, 약물 등을 시각화하고, 말풍선이나 선을 이용해 각 기능의 역할을 간단히 써 주세요.

표현 예시	① 열막 보호복(뜨거운 열에서 몸을 보호해요.) ② 방사선 차단막(방사선을 튕겨 내 머리를 보호해요.) ③ 산소 저장 캡슐(산소를 제공해 숨쉴 수 있게 해요.) ④ 영양 압축 식량(조금만 먹어도 오래 버틸 수 있어요.) ⑤ 기억 복원 주사(손상된 뇌세포를 고쳐 기억을 회복시켜요.)

4) 발표와 친구 질문 응답

발표 항목	예시 문장
장치 이름	'뉴에어 세이버슈트'예요.
내가 고른 기능	열막 보호복, 방사선 차단막, 산소 저장 캡슐, 영양 압축 식량을 선택했어요.
내가 만든 기능	방사선에 손상된 뇌세포를 회복시켜 기억을 되찾으려고 기억 복원 주사를 만들었어요.
시나리오 요약	핵전쟁 후 차단막과 산소 캡슐로 몸을 지키고, 기억 주사로 정신을 유지했어요.
친구 질문과 응답	기억 복원 주사는 몇 번 써야 해요? → 한 번만 맞아도 효과가 며칠 계속돼요.

🍀 교사용 지도 포인트

단계	유도 질문 예시
문제 인식	이런 환경에서도 사람이 살 수 있을까? / 방사선이나 열 때문에 무슨 일이 생길까?
기능 구성	필요한 기능은 뭐였을까? / 생존하려면 어떤 기능이 있어야 할까?
내가 만든 기능	네 기능은 어떤 문제를 해결했니? / 왜 그게 필요했니?
시나리오 구성	기능이 어떤 순서로 작동했니? / 위기 상황에서 어떻게 이어졌니?
발표 유도	가장 자랑스러운 기능은 뭐야? / 친구의 설계와 어떤 점이 달랐니?

🍀 극한 환경 생존 장치 또는 약물 개발 STEAM 활동 평가 루브릭

평가 항목	평가 루브릭			
	5점(매우 우수)	4점(우수)	3점(보통)	2점 이하(미흡)
과학 개념 이해(극한 환경, 생존 조건, 방사선 영향, 재난 회복)	극한 환경과 생존 조건을 정확히 알고, 장치 또는 약물 설계와 시나리오에 반영함. 국제 우주 정거장 우주복 등 실사례도 설명에 포함됨	과학 개념을 반영하고 설계나 말풍선에 자연스럽게 연결되며, 용어도 잘 사용함	개념 일부만 표현되고 설명이 부족하거나 기능 연결이 전반적으로 약함	이해가 부족하고, 설계나 설명과의 연결이 명확하지 않아 의미 파악이 어려움
기능 구성과 흐름 완성도(기능 구성+내가 만든 기능+기능 연결+창의적 설계)	기능 구성과 작동 과정이 논리적으로 잘 연결되고, 내가 만든 기능도 창의적으로 설계됨. 전체적인 전략 전개도 자연스럽게 이어짐	단계 구성과 표현 흐름이 타당하고 내가 만든 기능도 포함됨. 연결도 자연스러움	설명이 충분하지 않고, 내가 만든 기능의 창의성도 제대로 드러나지 않음	기능이 단순 나열에 그치고, 작동 과정 설명이나 창의성이 거의 없음
시각 표현과 설계도 완성도(기능 위치, 말풍선, 신체 부위, 작동 순서)	장치나 약물의 기능이 그림, 색상, 말풍선 등으로 명확하게 표현되고, 구조와 작동 과정도 시각적으로 잘 구성되어 있음	기능과 위치가 정리되어 있으며, 시각 요소도 비교적 명확하게 표현됨	기능이나 작동 과정 표현이 부분적으로 나타나고, 시각 요소가 부족함	그림만 있고 기능 설명이나 구조 전개가 약해 의미 파악이 어려움
설명력과 발표 참여(시나리오 설명+친구 질문 응답)	생존 전략을 조리 있게 설명하고 내가 만든 기능도 분명하게 드러났으며, 친구의 질문에 대해서도 구체적으로 응답함	이야기가 자연스럽고, 기능 설명도 분명하며 질문에도 대부분 잘 응답함	설명이 부족하거나 질문 응답이 너무 간단해서 전체 전달이 다소 약함	설명이나 질문 응답이 거의 없고 전달이 어렵거나 태도도 소극적임
참여 태도와 협력성(활동 집중도+친구와의 협력)	활동에 집중하며 장치 또는 약물 설계에 적극 참여했고, 친구와의 협력과 피드백도 활발히 이루어짐	활동에 성실히 참여했고 친구와의 협력도 잘 이뤄짐	활동에는 참여했지만 집중도나 협력 태도가 부족함	활동이 수동적이고 협력이나 피드백이 거의 없었음

※총점 기준 해석표(총 25점)
★23~25점 : 매우 우수 ★19~22점 : 우수 ★15~18점 : 보통 ★10~14점 : 미흡 ★1~9점 : 매우 미흡

지오몽의 지구 이야기 주인공 **지오몽**은 '지구(Geo)의 꿈'이란 뜻입니다.

빙하기가 다시 올까

2025년 4월 중순(10~20일) 난데없이 서울에 눈이 내렸어. 우리나라에서 날씨를 과학적으로 기록한 이후 118년 만에 처음이었지. 사람들은 빙하기가 오는 건 아닌지 걱정했어. 빙하기가 닥치면 평균 기온이 4~5도 내려가지. 그럼 남극과 북극의 얼음이 온대 지방까지 밀고 내려와.

지구에는 지금까지 5번쯤의 대빙하기가 있었어. 지금도 약 260만 년 전에 시작된 5번째 대빙하기의 간빙기야. 이번 빙하기에는 지금까지 약 10만 년을 주기로 매우 추운 빙기와 따뜻한 간빙기가 10~12번 번갈아 나타났어. 마지막 빙기는 약 1만 2000년 전에 끝났지. 간빙기는 보통 1만~3만 년간 이어지는데, 지금 간빙기는 1만 2000년째 계속되고 있어.

빙하기가 오는 거 아냐?

기상청

NEWS

이런 뜻이에요

빙하기 일반적으로 대빙하기를 뜻하며, 수백만 년 동안 지구의 평균 기온이 낮아 극지방에 빙하가 존재하는 시기. 빙기(추운 시기)와 간빙기(따뜻한 시기)가 번갈아 나타난다.

이산화탄소가 열을 붙잡아서 뜨거워져요

　빙기는 여러 원인이 겹쳐서 일어나. 지구가 태양 주위를 돌 때는 기울기와 거리, 도는 방향이 조금씩 바뀌지. 이때 지구에 햇빛이 덜 들어오면 추워져(밀란코비치 주기). 큰 화산 폭발로 생긴 먼지와 가스가 햇빛을 가려도 기온이 낮아져.

　대기층의 이산화탄소가 줄어도 열이 부족해서 추워져. 이산화탄소는 원래 열을 붙잡아서 지구를 따뜻하게 해 주는 고마운 존재야. 북극의 얼음이 많이 녹아 민물이 바닷물에 섞여도 문제야. 바닷물의 흐름이 멈출 수 있지. 그럼 따뜻한 물이 북쪽으로 못 올라가 북반구가 갑자기 추워질 수 있어. 이렇게 여러 가지가 겹치면 빙기가 오는 거야.

이런 뜻이에요
바닷물의 흐름이 멈출 수 있지 북극의 얼음이 녹으면 민물이 바닷물에 섞이며 염도(물에 섞인 소금 성분의 정도)가 낮아진다. 그럼 북극해의 바닷물이 가벼워져서 물이 빠르게 밑으로 가라앉지 않아 바닷물의 순환이 어려워진다.

간빙기의 지구에 다시 빙기가 닥칠 수도 있다는 말이야. 하지만 산업화 (1850~1900) 이후 이산화탄소와 메테인 등 온실가스가 크게 늘었지. 그래서 기온이 빠르게 높아져 그 주기가 방해를 받고 있어. 현재 대기 중의 이산화탄소는 과거 어느 간빙기보다 많아.

과학자들은 온난화 때문에 다음 빙기가 수만 년 이상 늦춰질 것으로 보고 있어. 빙기가 오려면 여러 조건이 맞아야 하는데, 쉽게 만들어지지 않는다는 뜻이지. 하지만 북극의 얼음이 녹아서 바닷물에 민물이 많이 섞이면 흐름이 멈추거나 방향이 바뀔 수 있어. 유럽이나 북미 대륙에 갑자기 추위가 닥칠 수 있다는 말이야. 하지만 잠시일 뿐 지구 전체가 얼어붙는 진짜 빙기와는 달라.

이런 뜻이에요

산업화 농업 중심 사회에서 공업 중심 사회로 바뀌는 과정. 기계와 공장 중심으로 대량 생산이 이뤄진다.

빙기가 닥쳐 얼어붙은 지구!

진짜 빙기가 닥치면 먼저 농업이 큰 타격을 받게 돼. 기온이 떨어지고 땅이 얼면 농사짓기가 어려워서 식량이 부족해질 거야. 사람이 살 수 있는 지역도 좁아지고, 추위를 피해 이동하다 보면 다른 지역의 사람들과 다툼이 생길 수도 있어.

난방에 필요한 에너지와 여러 자원도 부족해질 거야. 에너지와 물을 두고 나라들끼리 전쟁이 날 수도 있어. 지금은 기술이 발달해서 어느 정도 대비는 가능해. 하지만 기후 변화가 너무 빠르거나 자원이 부족해지면 병원과 통신, 교통 같은 시설이 마비될 수도 있어. 그래서 기후 문제를 더 심각하게 보고 대비해야 하는 거야.

> 진짜 빙기가 오면 식량과
> 에너지 부족 등으로 큰일이 생길 거예요!

빙하기 생존 키트 만들기

🍀 활동 목표

* 빙하기의 원인(해류, 온실가스 등)과 기후 시스템 변화를 과학적으로 이해한다.
* 빙하기 상황에서 생존에 필요한 도구들을 판단하고 키트로 구성한다.
* 생존 키트를 시각적으로 표현하고 각 도구의 기능을 설명한다.
* 기능을 조합하고 구조를 설계하며, 빙하기 상황에서 적용 가능한 해결책을 구성한다.

🍀 수업 전 배경과 개념 설명

* **빙하기** 평균 기온이 5~10도 낮아지고 대륙에 빙하가 만들어지는 시기.
* **빙하기의 원인** 태양 에너지 변화(밀란코비치 주기), 해류 순환 정지, 온실가스 감소, 화산 분출 등.
* **기후 이변** 추위, 폭설, 온도 급변 등은 기후 시스템 불안정으로 일어남.
* **생존 키트** 재난 상황에서 필수적인 생존 도구를 담은 세트.
* **대중 반응** 2025년 봄에 서울에 눈이 내려 '빙하기가 다시 오는 것 아닌가' 하는 사회적 관심.

🍀 수업 활동

1) 문제 인식과 분석

도입 발문	빙하기가 다시 찾아오면 사람은 어떻게 살아남을 수 있을까요? / 가장 힘든 환경은 무엇일까요? / 가장 먼저 해결해야 할 생존 문제는 무엇일까요?
활동지 칸	빙하기에 생존을 어렵게 만드는 문제를 세 가지 이상 써 보세요. 예를 들면 기온이 낮아 체온 유지가 어렵다거나 식량을 구하기 힘들다, 이동이 제한된다 등입니다.

2) 생존 키트 기능 선택+시나리오 쓰기

• 아래 도구(기능) 중 3~4개와 내가 만든 도구 1개를 선택하세요. 각 도구가 필요한 이유를 쓰고, 이 도구들이 어떻게 연결되어 빙하기에 생존을 돕는지 이야기로 표현하세요.

항목	설명
보온 담요	추운 환경에서 체온을 유지하는 데 필요한 도구예요.
정수 필터	눈을 안전한 식수로 바꾸어 마실 수 있게 해 줘요.
태양광 충전기	햇빛으로 전기를 만들어 전자 기기를 작동시켜요.
영양 저장 식량	적은 양으로도 오랫동안 버틸 수 있는 고농축 식량이에요.
내가 만든 기능	열 반사 침낭 → 땅의 냉기와 바깥 추위를 막아 체온을 유지하는 침낭이에요.
시나리오 예시	눈보라 속에서 우리는 보온 담요로 몸을 감싸 체온을 유지했고, 정수 필터로 눈을 녹여 따뜻한 물을 마셨어요. 추위에 지친 몸은 열 반사 침낭에서 녹였고, 영양 식량을 나눠 먹으며 힘을 냈어요. 마지막엔 태양광 충전기로 구조 신호를 보내 도움을 요청했어요.

3) 생존 키트 설계도 그리기

• 생존 키트의 구조와 도구들을 그림으로 나타내고, 각 도구의 위치와 기능을 말풍선으로 자세히 나타낸 뒤 간단히 설명해 보세요. 내가 만든 키트에는 이름도 붙여 보세요.

표현 예시	① 보온 담요(체온을 유지해 추위를 막아요.)　② 정수 필터(눈을 녹여 물로 만들어요.) ③ 열 반사 침낭(냉기를 막고 따뜻하게 해 줘요.)　④ 태양광 충전기(햇빛으로 전기를 만들어요.) ⑤ 키트 이름('윈터 서바이벌 키트' : 빙하기 생존용이에요.)

4) 발표와 친구 질문 응답

발표 항목	예시 문장
키트 이름	'윈터 서바이벌 키트'예요.
내가 고른 기능	보온 담요, 정수 필터, 태양광 충전기, 영양 저장 식량을 선택했어요.
내가 만든 기능	땅의 냉기를 막고 따뜻하게 쉴 수 있도록 열 반사 침낭을 만들었어요.
시나리오 요약	담요로 몸을 감싸고, 정수 필터로 물을 얻었어요. 침낭에서 몸을 녹이며 구조 신호를 보냈어요.
친구 질문과 응답	정전이면 어떻게 충전해요? → 태양광 충전기로 햇빛만 있으면 전기를 만들어요.

❖ 교사용 지도 포인트

단계	유도 질문 예시
문제 인식	빙하기가 오면 어떤 점이 가장 위험할까? / 무엇이 생존을 가장 어렵게 할까?
기능 구성	어떤 도구가 필요했을까? / 어떤 기능이 생존에 직접 도움을 줬을까?
내가 만든 기능	네가 만든 도구는 왜 필요했니? / 기존 도구에 어떤 점을 보완하고 싶었니?
시나리오 구성	눈보라 속에서 이 키트를 어떻게 썼을까? / 구조 요청은 어떻게 했을까?
발표 유도	친구의 키트와 비교해 어떤 기능이 더 좋았니? / 자랑하고 싶은 기능은 뭐였니?

❖ 빙하기 생존 키트 만들기 STEAM 활동 평가 루브릭

평가 항목	5점(매우 우수)	4점(우수)	3점(보통)	2점 이하(미흡)
과학 개념 이해(빙하기, 혹한 생존 조건, 에너지 보존, 체온 유지)	빙하기에 관련된 개념 4가지 이상을 과학적으로 정확하게 이해하고, 생존 키트 구성에 구체적이고 충실히 반영함	과학 개념 3가지 이상이 표현되었고, 도구 선택의 이유와 기능 설명과도 연결됨	개념의 설명이 전반적으로 부족하고, 도구의 배치나 목적과의 연결도 약함	과학 개념이 거의 적용되지 않았거나 잘못 연결되었고, 설명도 부족한 편임
도구 구성과 흐름 완성도(도구 구성+내가 만든 도구+기능 연결+창의적 설계)	도구가 4개 이상 논리적으로 연결되고, 내가 만든 도구도 포함되며 시나리오 흐름이 자연스럽고 창의적 구성이 드러남	도구 3개 이상이 연결되고, 만든 도구도 있으며 창의성도 일부 드러남	도구는 있지만 설명이 단편적이며, 도구의 기능 연결성이나 창의성도 부족함	선택한 도구가 나열식이며 내가 만든 도구나 창의적 요소가 전혀 나타나지 않음
시각 표현과 설계도 완성도(도구 위치, 말풍선, 기능 연결, 키트 디자인)	설계도에 기능 배치와 설명 내용이 명확하며, 말풍선이나 색 구분 등 다양한 시각 요소도 완성도 높게 구성됨	시각 요소 대부분이 적절히 표현되어 있고, 구조도 비교적 명확함	일부 설명과 표현이 부족하거나 도구들의 기능 연결이 다소 불분명함	그림만 있으며, 설명이 거의 없거나 도구 간 기능 연결이 전혀 드러나지 않음
설명력과 발표 참여(시나리오 설명+친구 질문 응답)	발표가 조리 있고, 생존 도구 설명과 시나리오가 자연스럽게 이어지며, 친구 질문에도 논리적·창의적으로 응답함	발표와 설명이 비교적 충실하며, 친구의 질문에도 대부분 자연스럽게 잘 응답함	설명이 짧거나 핵심 내용이 부족하고, 질문 응답도 전반적으로 부족함	발표 내용이 단편적이고 시나리오의 흐름이 끊기며, 질문에도 제대로 응답하지 못함
참여 태도와 협력성(활동 집중도+친구와의 협력)	활동에 몰입해 키트 구성과 설계를 성실히 완성하고, 친구와의 피드백과 협력도 활발했음	대부분 성실히 참여하고, 친구와의 상호작용도 있음	활동에는 참여했지만 발표나 설명, 소통이 부족함	활동·발표·질문에 소극적이며, 협력 태도가 부족함

※총점 기준 해석표(총 25점)
★23~25점 : 매우 우수 ★19~22점 : 우수 ★15~18점 : 보통 ★10~14점 : 미흡 ★1~9점 : 매우 미흡

활동 지침서

(16~30)

📖 활동 개요

하늘 색에 영향을 주는 빛의 산란을 탐구하는 과학(S), 산란 조건과 공기 유무를 표현하는 기술(T), 하늘 색 비교 판을 구성하는 공학(E), 색과 빛의 변화를 시각화하는 예술(A), 하늘 색 차이를 수치로 설명하는 수학(M)이 융합된 STEAM 활동입니다.

📖 활동 준비물

주제별 준비물은 빛의 산란과 공기 유무에 따른 하늘 색 차이의 이해에 필요한 자료이며, 창의 재료는 이를 바탕으로 빛의 방향, 산란, 별빛 등을 표현하는 데 사용됩니다.

구분	준비물
기본 준비물	연필, 지우개, 자, 가위, 딱풀(쓰기·지우기·자르기·붙이기), 색연필(색칠), 사인펜(강조)
공통 준비물	A4 용지(시나리오와 완성된 아이디어 정리), A4 활동지(기능 설명과 설계도 작성), 색종이(하늘 색 영역 나누기), 화살표 라벨지(빛의 방향 표시), 포스트잇(새 아이디어 적기), 클립보드(도면 고정), 지퍼백(재료 보관)
주제별 준비물 (활동 전 학습)	지오몽 교재, 지구와 달의 하늘 비교 그림(공기 유무 표현), 빛의 산란 개념 그림
창의 재료	A3 도화지(지구와 달 하늘 색 비교 태경), 파란 젤 시트(지구의 하늘 색과 빛 표현), 검정 색 카드지(달의 하늘 색 표현), 스티커 점(공기 입자 표현), 흰색 젤펜(달 하늘에 별과 빛 표현), 별 스티커(달에서 낮에도 보이는 별 강조), 미니 투명 튜브(빛의 직진성 표현), LED 미니 포인트 라이트(빛의 시작점 강조), 투명 아크릴 판(빛이 통과하거나 산란하는 공간 표현), EVA폼 스틱(태양빛 방향 세워서 보여 줌), 스폰지 블록(구조물 지지대)

※ 준비물은 활동지 구성에 맞게 조정 가능합니다. 기본 준비물은 학생이 늘 사용하는 학습 도구이고, 공통 준비물은 수업 전 과정에서 공통으로 필요한 자료입니다.

📖 세부 활동 지침

빛의 산란과 공기 유무에 따른 하늘 색의 차이를 탐구하고, 그 과정을 반입체 모형과 시각 자료로 표현하는 활동입니다.

1) **상황 이해하기** : 지구와 달의 하늘 사진을 보며 색이 다른 이유를 관찰하고, 공기 유무에 따른 빛의 변화에 대한 궁금증을 나눕니다.

2) **기능 선택하기** : 활동지에 표현할 핵심 개념(빛의 산란, 공기 입자, 별빛 등)을 정하고, 각 기능을 어떤 시각 요소로 표현할지 선택합니다.

3) **시나리오 쓰기** : A4 용지에 '태양빛 출발 → 지구에서는 공기와 만나 퍼짐(파란 하늘) → 달에서는 퍼지지 않음(검은 하늘)'이라는 흐름을 단계별로 씁니다.

4) **설계도 그리기** : 활동지에 전체 구성을 그리고, 색종이로 지구와 달을 나눕니다. 빛, 공기, 별의 위치와 요소를 설계도에 배치합니다.

5) **반입체 구조물 만들기** : A3 도화지에 파란 젤 시트와 검정 카드지를 사용해 지구와 달의 하늘 색을 배경으로 나누고, 빛의 출발점은 LED 미니 포인트 라이트로 표시합니다. EVA폼 스틱과 미니 투명 튜브를 세워 태양에서 나가는 빛의 방향을 직선으로 표현하며, 각 스틱은 크기와 위치에 따라 다르게 배열합니다. 지구 쪽에는 스티커 점을 흩뿌려 공기 입자를 나타냅니다. 투명 아크릴 판을 빛이 통과하는 공간처럼 활용하고, 빛의 산란 방향에 화살표 라벨지를 붙여 확산 효과를 보여 줍니다. 검정 배경인 달 영역에는 별 스티커와 흰색 젤펜으로 낮에도 보이는 별을 강조합니다. 구조물은 스폰지 블록으로 고정하고, 포스트잇에 설명 문구를 적어 붙입니다.

6) **보완하기** : 빠진 내용이나 표현이 약한 부분을 보완하고, 기능 이름과 개념 설명을 붙입니다.

7) **마무리하기** : 완성된 모형을 친구들과 공유하며, 자신이 표현한 하늘 색 차이와 빛의 산란 원리를 말로 설명하고 발표합니다.

활동 개요

빛의 속도와 도달 시간을 탐구하는 과학(S), 천체 간 거리와 위치를 도식화하는 기술(T), 시간 지도를 입체로 구현하는 공학(E), 빛의 출발과 도착을 시각화하는 예술(A), 거리와 시간의 비례를 계산·비교하는 수학(M)이 융합된 STEAM 활동입니다.

활동 준비물

주제별 준비물(교사 준비)은 빛의 속도와 도달 시간의 개념을 이해하는 자료이며, 창의 재료는 이를 바탕으로 빛의 출발, 진행, 도달을 입체적으로 표현하는 데 사용됩니다.

구분	준비물
기본 준비물	연필, 지우개, 자, 가위, 커터 칼, 딱풀(쓰기·지우기·선 긋기·자르기·붙이기), 색연필(작은 그림·글씨 색칠), 사인펜(핵심 내용 강조)
공통 준비물	A4 용지(시나리오와 완성된 아이디어 정리), A4 활동지(천체 거리와 빛의 도달 시간 정리, 설계도 작성), 색종이(천체와 거리 라벨 등 제작), 화살표 스티커(빛의 진행 방향), 라벨지(이름·거리·출발 시점 표시), 포스트 잇(새 아이디어 적기)
주제별 준비물 (활동 전 학습)	지오몽 교재, 광년 거리 정보 카드(태양, 달, 알파 센타우리, 안드로메다 등 빛의 도달 시간 정보), 천체 위치 인쇄물(지도 상 배치와 거리 비교)
창의 재료	폼보드(빛 시간 지도의 조형물 부착 바탕 판), 투명 플라스틱 실선(빛의 직선 경로 표현), LED 미니 라이트(빛의 출발점), 반짝이 스티커(빛이 도달한 별이나 천체 표시), EVA폼 조각(천체에 색채와 입체 질감 표현), 투명 컵(빛이 지나가는 모습을 1광년에 컵 하나씩 연결해 보여 줌), 길이 표시 테이프(광년 거리 표현)

※ 준비물은 활동지 구성에 맞게 조정 가능합니다. 기본 준비물은 학생이 늘 사용하는 학습 도구이고, 공통 준비물은 수업 전 과정에서 공통으로 필요한 자료입니다.

세부 활동 지침

빛의 속도와 천체 간 거리, 도달 시간을 탐구하고, 그 과정을 반입체 지도와 시각 자료로 표현하는 활동입니다.

1) **상황 이해하기** : 천체마다 빛이 도달하는 시간이 서로 다르다는 사실을 배경으로, 빛의 속도와 거리에 따른 시간 차이를 이해하는 탐구를 시작합니다.

2) **천체 구성하기** : 태양, 달, 알파 센타우리, 안드로메다 같은 천체를 정하고, 각 천체의 위치와 빛의 도달에 걸리는 시간을 자료로 살펴봅니다.

3) **시나리오 쓰기** : '빛이 태양에서 출발해 달까지 1.3초, 알파 센타우리까지 4.3광년, 안드로메다까지 250만 광년…'과 같은 흐름을 이야기로 구성합니다.

4) **설계도 그리기** : 빛이 어떤 순서로 각 천체에 도달하는지 거리 순으로 정리하고, 출발점과 도달점을 시각화합니다.

5) **반입체 구조물 만들기** : A3 폼보드 위에 전체 우주 지도를 구성합니다. 이 활동의 핵심은 빛의 진행 경로를 단계별·입체적으로 표현하는 것입니다. 컵 1개를 1광년으로 정한 후, 일렬로 배치하여 거리 단계를 구분합니다. 첫 번째 컵에는 LED 미니 라이트를 넣어 빛의 출발 지점인 태양을 나타냅니다. 컵 사이에는 EVA폼 스틱을 끼워 빛이 한 방향으로 곧게 나아가는 길을 연결하고, 각 컵에는 광년 단위를 표시해 빛의 이동 단계를 시각화합니다. 마지막 컵에는 알파 센타우리 도달 지점을 별 스티커와 라벨지로 강조합니다. 우주 구름 B57처럼 먼 거리 경우 1000만 광년을 컵 하나로 계산합니다.

6) **보완하기** : 각 천체의 이름과 빛의 도달 시간을 정리하면서 시각적으로 명확하게 만듭니다.

7) **마무리하기** : 만든 지도를 발표하며 빛이 어디에서 출발해 얼마나 걸려 도달하는지, 그 차이가 왜 중요한지 설명합니다.

18·대기 행성 설계하기 **활동 해설지**

📖 활동 개요

지구 대기의 형성과 조건을 탐구하는 과학(S), 행성의 대기를 비교하고 설계하는 기술(T), 생명체가 살 수 있는 환경을 입체적으로 구현하는 공학(E), 대기의 구조와 기체의 흐름을 시각화하는 예술(A), 기체의 비율과 조건을 분석하는 수학(M)이 융합된 STEAM 활동입니다.

📖 활동 준비물

주제별 준비물(교사 준비)은 대기 형성과 행성 비교를 이해하는 자료이며, 창의 재료는 이를 바탕으로 생명체가 살 수 있는 대기를 입체적으로 표현하는 데 쓰입니다.

구분	준비물
기본 준비물	연필, 지우개, 자, 가위, 커터 칼, 딱풀(쓰기·지우기·선 긋기·자르기·붙이기), 색연필(작은 그림·글씨 색칠), 사인펜(핵심 내용 강조)
공통 준비물	A4 용지(시나리오와 완성된 아이디어 정리), A4 활동지(선택한 조건 설명과 설계도 작성), 색종이(행성의 배경과 설명 문구 등 표현), 포스트잇(생물 분포 정리), 스티커·말풍선(꾸미기·이름 붙이기), 마스킹 테이프(구조물 부착), 지퍼백(재료 보관)
주제별 준비물 (활동 전 학습)	지오몽 교재, 금성·지구·화성 대기 비교 이미지, 지구 화산 활동 사진이나 영상, 대기 구성 기체 성분 비교 표, 태양 거리와 온도 비교 표
창의 재료	우드락(전체 모형의 바닥판), 골판지(행성 배경 등을 세워서 표현하는 판), 투명 필름(대기층 표현), PET병(화산 뼈대), 클레이(화산 외형 꾸미기와 나노 식물 등 표현), 모형 식물(식물 시각적 표현), LED 초(태양·화산의 빛·열 효과), 종이컵(화산·식물 등 모형 받침), 색지 조각·스티커(식물과 기체 발생 장치 등 꾸미기)

※ 준비물은 활동지 구성에 맞게 조정 가능합니다. 기본 준비물은 학생이 늘 사용하는 학습 도구이고, 공통 준비물은 수업 전 과정에서 공통으로 필요한 자료입니다.

📖 세부 활동 지침

지구와 행성의 대기 구성과 조건을 탐구하고, 생명이 생존할 수 있는 대기를 반입체 설계물과 시각 자료로 표현하는 활동입니다.

1) **상황 이해하기** : 지구와 다른 행성의 대기 구성과 환경 조건을 비교하면서, 생명체가 존재하기 위해 필요한 대기의 역할을 이해합니다.

2) **조건 선택하기** : 행성의 크기, 온도, 태양과의 거리, 기체 공급원 가운데 원하는 조건을 선택하고, 왜 그 조건이 생명 유지에 필요한지 정리합니다.

3) **시나리오 쓰기** : 선택한 조건을 바탕으로 '이런 행성이 있다면 어떤 환경일까'를 상상하며 짧은 이야기 형식의 시나리오를 작성합니다.

4) **설계도 그리기** : 시나리오를 기반으로 대기 구조, 행성 표면, 기체 이동 방향 등을 시각화한 설계도를 그립니다. 재료 사용 계획도 고려합니다.

5) **반입체 구조물 만들기** : 설계도에 따라 실제로 모형을 제작합니다. 우드락 위에 골판지를 세워 배경을 만들고, PET병을 활용해 화산 구조의 뼈대를 세웁니다. 화산의 외형과 나노 식물을 클레이로 표현하고, 투명 필름으로 대기층을 덮습니다. LED 초는 태양이나 화산의 열원 역할을 하며, 그 앞에 모형 식물(또는 그림 카드)을 배치해 기체 공급 구조를 나타냅니다. 색지 조각은 대기 중의 기체 흐름이나 기체의 성분 구분을 나타내는 데 사용하고, 스티커는 이름 붙이기나 강조 표현에 사용합니다. 모형 제작은 손으로 만들며 입체적으로 구성하는 단계로, 상상력과 표현력이 요구됩니다. 완성된 대기 설계 모형은 시각적으로도 생생해야 합니다.

6) **보완하기** : 완성한 모형을 살펴보고 빠진 요소가 있는지 확인합니다. 기체의 이동 방향, 구조물의 위치, 설명 카드 등에서 빠진 부분을 수정합니다.

7) **마무리하기** : 결과물에 대해 설계 조건과 표현 내용을 공유하며 정리합니다.

📖 활동 개요

지구의 자전 변화에 따른 생체 리듬을 탐구하는 과학(S), 교란에 대응하는 조절 장치 설계의 기술(T), 11시간 생활 구조를 입체로 구현하는 공학(E), 활동·감정 흐름을 시각화하는 예술(A), 시간 비율과 조건을 분석하는 수학(M)이 융합된 STEAM 활동입니다.

📖 활동 준비물

주제별 준비물(교사 준비)은 생체 리듬과 시간 구조 변화를 이해하는 자료이며, 창의 재료는 이를 바탕으로 조절 기능과 일과 구성을 입체적으로 표현하는 데 쓰입니다.

구분	준비물
기본 준비물	연필, 지우개, 자, 가위, 커터 칼, 딱풀(쓰기·지우기·선 긋기·자르기·붙이기), 색연필(시간대 활동 색칠), 사인펜(생체 리듬 강조 요소 등 표시)
공통 준비물	A4 용지(시나리오와 생체 리듬 아이디어 정리), A4 활동지(선택한 조건 설명과 하루 시간표 설계), 색종이(낮과 밤, 수면·활동 시간 배경 꾸미기), 스티커·말풍선·라벨지(기능 설명과 시각 강조), 포스트잇(생체 리듬 아이디어 정리), 마스킹 테이프(모형 고정), 클립보드(설계도 고정), 지퍼백(재료 보관)
주제별 준비물 (활동 전 학습)	지오몽 교재, 생체 시계 기능 자료(수면 주기, 멜라토닌 등 개념), 기능 정의 활동지(내가 만든 생체 조절 기능 이름과 역할, 작동 방식)
창의 재료	EVA폼(생체 시계 바탕판), 플라스틱 반구(빛 조절 돔 등), 클레이(졸린 얼굴, 태양, 달, 시계 기호 등), 철사(시간 흐름 연결선, 회전 바늘), 우유곽 또는 하드보드지(구조물 틀이나 배경 설계), 야광 스티커(밤시간 시각화, 리듬 반응), 글루건(구조물 고정)

※ 준비물은 활동지 구성에 맞게 조정 가능합니다. 기본 준비물은 학생이 늘 사용하는 학습 도구이고, 공통 준비물은 수업 전 과정에서 공통으로 필요한 자료입니다.

📖 세부 활동 지침

지구의 자전 변화와 생체의 리듬 조건을 탐구하고, 새로운 하루의 구조를 반입체 설계물과 시각 자료로 표현하는 활동입니다.

1) **상황 이해하기** : 달이 없던 시대로 돌아가 하루가 11시간이 되는 상황을 살펴보고, 생체 리듬 변화를 자료로 파악합니다.
2) **조건 선택하기** : 수면, 활동, 식사, 휴식 시간의 비율을 정하고, 그 구성이 생존에 왜 필요한지 기록합니다.
3) **시나리오 쓰기** : '11시간 하루를 이렇게 산다면'을 주제로 짧은 시나리오를 작성합니다.
4) **설계도 그리기** : 시나리오를 바탕으로 시간표를 만들고, 색으로 구역을 나눠 시계나 표에 표시합니다.
5) **반입체 구조물 만들기** : EVA폼을 바닥판으로 사용해 하루 구조의 기본 틀을 만들고, 시간 구역은 색종이로 나눠 구분합니다. 하드보드지나 우유곽은 수면실, 식사 공간, 활동 공간, 휴식 구역 등을 세우는 데 씁니다. 적당히 잘라서 풀이나 글루건으로 고정합니다. 공간 성격은 색종이나 라벨지로 꾸미고, 창문과 문, 표지판도 붙여 표현합니다. 플라스틱 반구는 돔이나 수면 캡슐로 사용하되, 내부에 클레이 인형과 야광 스티커를 넣어 밤시간의 수면 상태를 나타냅니다. 클레이로는 사람의 표정, 자세, 식사 장면뿐만 아니라 가구를 만드는 데도 사용합니다. 철사는 시간의 흐름이나 시계 바늘, 구조물 연결선으로 이용합니다. 라벨지엔 구역 이름과 활동을 써서 기능을 구분하고, 포스트잇은 메모, 스티커는 표시나 장식에 사용합니다. 마무리는 글루건으로 고정하고, 야광 스티커는 밤 시간대를 표현합니다.
6) **보완하기** : 설계물의 시간 비율, 구역 표시, 설명 자료 등을 점검하고 빠진 부분을 수정합니다.
7) **마무리하기** : 완성된 설계물을 발표하고, 피드백을 받아 반영합니다.

20·달 기지 만들기 **활동 해설지**

📖 활동 개요

달의 환경과 자원 활용을 탐구하는 과학(S), 기지 조건과 구조를 도식화하는 기술(T), 거주 가능한 기지를 반입체로 구현하는 공학(E), 기지 기능과 자원 흐름을 시각화하는 예술(A), 거리·조건·비율을 계산·비교하는 수학(M)이 융합된 STEAM 활동입니다.

📖 활동 준비물

주제별 준비물(교사 준비)은 달의 환경과 기지의 조건을 이해하는 자료이며, 창의 재료는 이를 바탕으로 거주 기지 구조와 자원 활용을 입체적으로 표현하는 데 쓰입니다.

구분	준비물
기본 준비물	연필, 지우개, 자, 가위, 커터 칼, 뜨풀(쓰기·지우기·선 긋기·자르기·붙이기), 색연필(설계도의 기능 구역 색 구분), 사인펜(기능 강조)
공통 준비물	A4 용지(시나리오와 완성된 아이디어 정리), A4 활동지(선택한 조건 설명과 설계도 작성), 색종이(구역 구분과 꾸미기), 포스트잇(아이디어 메모), 스티커·말풍선·라벨지(이름·설명 강조), 마스킹 테이프(임시 고정), 지퍼백(재료 보관)
주제별 준비물 (활동 전 학습)	지오몽 교재, 달의 환경과 자원 자료(산소, 물, 헬륨-3, 방사선 조건 등 탐구용 사진)
창의 재료	EVA폼(기지 구조물의 기초), 우드락·골판지(기지 벽과 바닥, 기둥 뼈대), 플라스틱 반구(돔 구조와 차폐막), 페트병(물 저장고, 에너지 장치 뼈대), 클레이(산소 발생 장치, 사람·식물 모형, 기지 내부 장치), 투명 필름(대기층 덮개, 방사선 차폐막), 색지 조각(대기의 기체 흐름), LED 초(태양광과 열원 효과), 글루건(구조물 고정)

※ 준비물은 활동지 구성에 맞게 조정 가능합니다. 기본 준비물은 학생이 늘 사용하는 학습 도구이고, 공통 준비물은 수업 전 과정에서 공통으로 필요한 자료입니다.

📖 세부 활동 지침

달의 환경과 기지의 조건을 탐구하고, 거주 가능한 기지의 구조를 반입체 설계물과 시각 자료로 표현하는 활동입니다.

1) **상황 이해하기** : 달의 환경 자료를 참고해, 달에 기지를 만들 때 필요한 조건과 문제를 탐구합니다.

2) **조건 선택하기** : 활동지에 산소 공급, 물 확보, 에너지 생산, 식량 재배, 방사선 차단 중 필요한 조건을 고릅니다.

3) **시나리오 쓰기** : 선택한 조건을 바탕으로 '이런 기지를 세운다면 어떤 모습일까?'를 글로 씁니다. A4 용지와 색종이를 활용합니다.

4) **설계도 그리기** : A4 활동지에 자와 연필로 기지 구조를 그리고, 색연필로 구역을 나눕니다. 마스킹 테이프로 위치를 표시하고, 포스트잇에 아이디어를 정리합니다.

5) **반입체 구조물 만들기** : EVA폼으로 기지의 바탕을 제작하고, 우드락이나 골판지로 벽·기둥·바닥 뼈대를 세웁니다. 플라스틱 반구는 돔 구조와 방사선 차단막을 표현하고, 페트병은 물 저장고나 에너지 장치의 뼈대로 사용합니다. 클레이로 산소 장치, 사람, 식물, 장치 세부 요소를 만들고, 투명 필름은 대기층 덮개나 방사선 차폐에 활용합니다. 색지 조각은 기체의 흐름이나 성분 구분을 표현하며, LED 초는 태양광과 열원 역할을 나타냅니다. 사인펜과 라벨지는 기능 이름을 표시하고, 스티커는 강조 장식에 사용합니다. 색종이와 포스트잇은 배경과 아이디어 추가에 쓰고, 마스킹 테이프로 임시 고정 후 글루건으로 단단히 붙입니다.

6) **보완하기** : 완성된 설계물을 점검하며 빠진 기능이나 설명을 확인합니다. 부족한 부분은 색연필과 스티커로 보완합니다.

7) **마무리하기** : 설계 조건과 기능 표현을 발표하며 공유합니다. 활동지를 정리해 기지 설계 과정을 되돌아보고 학습한 점을 나눕니다.

📖 활동 개요

화성의 생존 조건을 탐구하는 과학(S), 생명 돔의 구조를 설계하는 기술(T), 돔을 반입체로 구현하는 공학(E), 산소·물·에너지의 흐름을 표현하는 예술(A), 기체 비율과 공간의 구성을 계산·비교하는 수학(M)이 융합된 STEAM 활동입니다.

📖 활동 준비물

주제별 준비물(교사 준비)은 화성의 환경과 생명의 조건을 이해하는 자료이며, 창의 재료는 이를 바탕으로 생명 돔 구조와 생존 요소를 입체적으로 표현하는 데 쓰입니다.

구분	준비물
기본 준비물	연필, 지우개, 자, 가위, 커터 칼, 딱풀(쓰기·지우기·선 긋기·자르기·붙이기), 색연필(작은 그림과 글씨 색칠), 사인펜(핵심 내용 강조)
공통 준비물	A4 용지(시나리오와 완성된 아이디어 정리), A3 이상 도화지(선택한 화성 돔 기능과 설계도 작성), 색종이(생명 구역과 기능 구분), 스티커·말풍선(공기, 에너지 등 기능 표현 강조), 라벨지(영역 이름과 기능 설명), 포스트잇(아이디어 확장), 마스킹 테이프(돔 구조물 임시 부착), 지퍼백(재료 보관)
주제별 준비물 (활동 전 학습)	지오몽 교재, 화성 환경 정보 카드(기압·기온·방사선 등), 생명 유지 요소 카드(물, 산소, 이끼), 생명 돔 설계 예시 자료(미니 돔 사진 또는 영상)
창의 재료	폼보드(바닥 지형 설계), 플라스틱 반구(돔 형태 표현), 폼클레이(식물, 장치, 미생물 조형), 플라스틱 빨대·나무 막대·철사(공기 흐름, 구조물 지지), 색종이(내부 구획과 배경 표현), 야광 스티커(태양광·에너지 기능 표현), 글루건(구조물 고정)

※ 준비물은 활동지 구성에 맞게 조정 가능합니다. 기본 준비물은 학생이 늘 사용하는 학습 도구이고, 공통 준비물은 수업 전 과정에서 공통으로 필요한 자료입니다.

📖 세부 활동 지침

화성의 환경과 생명의 조건을 탐구하고, 거주 가능한 생명 돔의 구조를 반입체 설계물과 시각 자료로 표현하는 활동입니다.

1) **상황 이해하기** : 화성의 기온, 대기 구성, 기압, 물과 산소의 부족 같은 조건을 시각 자료를 통해 학습하고, 지구와 비교하며 주요 차이를 파악합니다.

2) **기능 선택하기** : 화성에서 생존하기 위해 필요한 요소 중 산소 생성, 물 보존, 에너지 공급, 방사선 차단 등 핵심 기능을 선정합니다.

3) **시나리오 쓰기** : 돔 내부에서의 생존 과정을 상상하여, 기능별 작동 과정을 간단한 이야기 형식으로 정리합니다. 인물, 위기 상황, 해결 방안을 포함시킵니다.

4) **설계도 그리기** : 시나리오에 따라 돔의 구조를 A3 도화지에 구획을 나누며 설계합니다. 내부의 생명 요소와 기능 배치를 색종이로 구분하고, 라벨지와 스티커·말풍선으로 각 구역의 역할과 기능을 표시합니다.

5) **반입체 구조물 만들기** : 폼보드로 바닥을 만들고, 플라스틱 반구(투명 돔)로 외형을 표현합니다. 폼클레이로 이끼와 작은 식물을 만들고, 플라스틱 빨대·나무 막대·철사로 공기와 물의 흐름을 나타냅니다. 야광 스티커로 태양광 발전이나 산소 생성 효과를 표현합니다. 색종이와 스티커로 내부를 보완하고, 라벨지로 기능 설명을 붙입니다. 글루건으로 부품을 고정합니다. 완성 과정에서는 돔의 각 영역이 기능별로 연결되도록 하며, 바닥과 외형이 흔들리지 않게 고정하여 실제 거주 환경처럼 안정감을 줄 수 있게 마무리합니다.

6) **보완하기** : 라벨지와 말풍선 스티커 등을 활용하여 부족한 설명을 시각화하고, 색연필이나 폼클레이로 세부 구조와 기능을 보완해 완성도를 높입니다.

7) **마무리하기** : 완성된 돔을 발표하고, 주요 기능과 구조를 설명합니다.

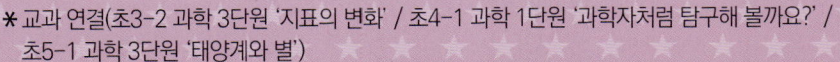

22·지구 방어 장치 만들기 **활동 해설지**

📖 활동 개요

소행성 충돌의 과학 원리를 탐구하는 과학(S), 방어 장치의 기능을 설계하는 기술(T), 구조물을 입체로 조립하는 공학(E), 충돌 장면과 장치 작동을 시각화하는 예술(A), 궤도 변화와 방어 범위를 계산·비교하는 수학(M)이 융합된 STEAM 활동입니다.

📖 활동 준비물

주제별 준비물(교사 준비)은 소행성 충돌과 방어 기술을 이해하는 자료이며, 창의 재료는 이를 바탕으로 방어 장치 구조와 기능을 입체로 표현하는 데 쓰입니다.

구분	준비물
기본 준비물	연필, 지우개, 자, 가위, 커터 칼, 딱풀(쓰기·지우기·선 긋기·자르기·붙이기), 색연필(작은 그림과 글씨 색칠), 사인펜(핵심 내용 강조)
공통 준비물	A4 용지(시나리오와 완성된 아이디어 정리), A4 활동지(선택한 기능 설명과 장치 설계도 그리기), 색종이(배경·장치 모양 내기), 포스트잇(설명 글), 스티커·말풍선·라벨지(장치 이름과 기능), 마스킹 테이프(임시 고정), 지퍼백(재료 보관), 양면 테이프(재료 붙이기)
주제별 준비물 (활동 전 학습)	지오몽 교재, 소행성 충돌 영상(위험 상황 이해), 나사 다트 자료(실제 방어 사례 보기), 궤도 변경 이미지(방어 장치의 원리 알기)
창의 재료	스티로폼(지구·소행성 모형), 골판지(감시탑·보호막·발사대 등 만들기), 종이컵(보호막처럼 덮는 구조), 고무줄(당겨서 움직이는 장치 만들기), 자석(소행성 방향 바꾸는 표현), 풍선(충돌 순간 표현), 에어캡(충돌 방지 장치), 폼클레이(꾸미기와 모양 표현), 글루건(부품 고정), LED(경고 장치)

※ 준비물은 활동지 구성에 맞게 조정 가능합니다. 기본 준비물은 학생이 늘 사용하는 학습 도구이고, 공통 준비물은 수업 전 과정에서 공통으로 필요한 자료입니다.

📖 세부 활동 지침

소행성 충돌에서 지구를 지키는 방법을 탐구하고, 방어 장치의 구조와 기능을 반입체 설계물과 시각 자료로 표현하는 활동입니다.

1) **상황 이해하기** : 소행성 충돌 영상을 통해 지구에 소행성이 떨어졌을 때 어떤 일이 일어나는지 알아봅니다.
2) **장치 기능 선택하기** : 지구 방어 장치에 들어갈 기능을 정하고, 사용할 재료를 포스트잇에 적어 정리합니다.
3) **시나리오 쓰기** : 소행성 충돌 상황과 장치가 작동하는 과정을 짧은 이야기로 만듭니다. 필요한 설명은 스티커나 라벨지를 붙여 표현합니다.
4) **설계도 그리기** : 장치의 구조와 기능의 위치를 설계도에 그립니다. 색연필로 구역을 구분하고 사인펜으로 이름이나 방향을 표시합니다.
5) **반입체 구조물 만들기** : 골판지를 네모나게 잘라 장치의 바닥을 만들고, 접히는 모서리는 테이프로 감아 고정합니다. 스티로폼은 둥글게 깎아 지구와 소행성의 모형을 만들고, 고무줄은 골판지 끝에 스테이플러로 단단히 박아 고정한 뒤 소행성에 감아 묶습니다. 당겼다 놓으면 소행성이 발사됩니다. 자석은 궤도 유도 장치로, 지구 옆면에 붙입니다. 풍선은 종이컵 안이나 골판지 앞쪽에 테이프로 붙여, 소행성이 부딪치면 눌리거나 터지는 모습을 보여 줍니다. 종이컵 반쪽과 에어캡은 지구 앞에 세워 파편 보호막처럼 사용합니다. 컵 안쪽에 작은 스티로폼 조각을 넣어 충격 흡수 효과를 더해도 됩니다. LED는 스티커처럼 앞면에 붙이고 손으로 눌러 불이 들어오게 구성합니다. 폼클레이는 장치 외형을 꾸미거나 안테나·버튼 모양을 만들 때 사용합니다. 무거운 부품이나 스티로폼은 글루건으로 고정합니다.
6) **보완하기** : 구조물을 점검하고 헐거운 부분은 딱풀이나 양면 테이프로 다시 붙입니다. 기능이 잘 작동하는지 확인하며 조절합니다.
7) **마무리하기** : 완성된 장치를 발표하고, 방어 기능과 구조를 설명합니다.

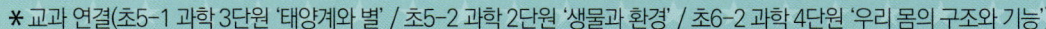

📖 활동 개요

우주 환경이 인체에 미치는 영향을 탐구하는 과학(S), 우주복의 기능을 설계하는 기술(T), 구조를 입체로 조립하는 공학(E), 우주복의 작동과 기능을 시각화하는 예술(A), 온도·수분·방사선 수치를 계산·비교하는 수학(M)이 융합된 STEAM 활동입니다.

📖 활동 준비물

주제별 준비물(교사 준비)은 우주 환경과 우주복의 기능을 이해하는 자료이며, 창의 재료는 이를 바탕으로 우주복의 구조와 주요 기능을 시각적으로 표현하는 데 쓰입니다.

구분	준비물
기본 준비물	연필, 지우개, 자, 가위, 커터 칼, 딱풀(쓰기·지우기·선 긋기·자르기·붙이기), 색연필(그림 색칠), 사인펜(핵심 내용 강조)
공통 준비물	A4 용지(시나리오와 완성된 아이디어 작성), A4 활동지(선택한 기능 설명과 설계도 작성), 색종이(우주복 기능의 위치 표시), 마스킹 테이프(구조물 임시 고정), 말풍선·라벨지·스티커(꾸미기·기능 표시), 지퍼백(재료 보관)
주제별 준비물 (활동 전 학습)	지오몽 교재, 우주 환경 영상(방사선·무중력 등 개념 이해), 우주복 기능 자료(방사선 차단, 근육 보호, 중력 표현 등 학습), 무중력에서 근 감소 실험 영상
창의 재료	은박지(방사선 차단 필름), 고무줄(약해지는 근육 자극 표현), EVA 폼보드(중력 유도 신발 모형), 소형 볼트(신발 중력 느낌), 투명 통(물 재활용 장치), 스펀지(물 여과 장치), 발대(물 이동로), 주사기(물 순환 장치), 폼클레이(체온 조절 장치 외형), LED(장치 작동 불빛), 전선(불빛 연결), 스마트폰(장치 작동 효과음), 글루건(부품 접합)

※ 준비물은 활동지 구성에 맞게 조정 가능합니다. 기본 준비물은 학생이 늘 사용하는 학습 도구이고, 공통 준비물은 수업 전 과정에서 공통으로 필요한 자료입니다.

📖 세부 활동 지침

우주 환경에서 몸을 보호하는 방법을 탐구하고, 우주복의 구조와 기능을 반입체 설계물과 시각 자료로 표현하는 활동입니다.

1) **상황 이해하기** : 우주 환경 영상을 보며 무중력과 방사선이 강한 상태에서 몸이 어떻게 변하는지 이해합니다.

2) **우주복 기능 선택하기** : 필요한 기능을 고르고, 방사선 차단, 근육 보호, 중력 유도, 체온 조절, 수분 재활용 등의 주제를 포스트잇에 정리합니다.

3) **시나리오 쓰기** : 우주인이 겪는 위기 상황과 그때 작동하는 우주복의 기능을 짧은 이야기로 구성합니다.

4) **설계도 그리기** : A4 활동지에 우주복의 구조를 설계하고, 색종이로 기능의 위치를 구분합니다.

5) **반입체 구조물 만들기** : EVA 폼보드를 발바닥 모양으로 두 장 잘라 밑창을 만들고, 띠처럼 자른 EVA 조각을 옆면에 둘러 신발 테두리를 세웁니다. 뒷부분은 EVA를 더 높게 잘라 뒤꿈치처럼 감싸고, 윗부분은 아치형 덮개를 덧붙입니다. 밑창 바닥에는 소형 볼트를 글루건으로 붙여 무게감을 줍니다. 은박지로는 방사선 차단 기능을 표현하는 데 사용하는데, 몸통과 헬멧을 만든 뒤 겉면에 잘라 붙입니다. 고무줄은 EVA로 만든 팔이나 다리 부분에 맞춰 잘라 두세 겹 감고, 구멍을 뚫어 끼우거나 안쪽에 테이프로 고정해 조이는 느낌을 표현합니다. 수분 재활용 장치는 투명 통 안에 스펀지를 넣고, 구멍에 발대를 끼운 뒤 주사기를 연결해 물이 드나드는 구조로 만듭니다. 체온 조절 캡슐은 폼클레이로 알약처럼 뭉쳐 만들고, LED를 위쪽에 눌러 박아 전선과 함께 연결합니다. 전선 끝은 EVA에 고정합니다.

6) **보완하기** : 기능 위치가 느슨하거나 떨어진 부분은 딱풀이나 테이프로 보완합니다.

7) **마무리하기** : 완성된 우주복을 발표하고, 기능과 구조를 설명합니다.

24·외계 생명체 설계 **활동 해설지**

📖 활동 개요

외계 환경이 생명체에 미치는 영향을 탐구하는 과학(S), 환경에 맞춘 기능을 설계하는 기술(T), 구조를 입체로 구성하는 공학(E), 생김새와 기능을 시각화하는 예술(A), 온도·중력·대기 조건을 분석하는 수학(M)이 융합된 STEAM 활동입니다.

📖 활동 준비물

주제별 준비물(교사 준비)은 우주의 극한 환경과 생존 기능을 이해하는 자료이며, 창의 재료는 이를 바탕으로 생명체의 구조와 기능을 시각적으로 표현하는 데 쓰입니다.

구분	준비물
기본 준비물	연필, 지우개, 자, 가위, 커터 칼, 딱풀(쓰기·지우기·선 긋기·자르기·붙이기), 색연필 (작은 그림·글씨 색칠), 사인펜(핵심 내용 강조)
공통 준비물	A4 용지(시나리오와 완성된 아이디어 작성), A4 활동지(선택한 기능 설명과 설계도작성), 색종이(기능 부위 표시와 꾸미기), 포스트잇(기능 비교 메모), 마스킹 테이프(구조물 고정), 말풍선·스티커·라벨지(기능 설명, 이름 붙이기, 꾸미기), 클립보드(도면 고정), 지퍼백(재료 보관)
주제별 준비물 (활동 전 학습)	지오몽 교재, 생명체 구조 예시 자료(눈, 피부, 뿔 등 실제 동물 사진), 투명 피부와 발광 기관 가진 생물체 사진 자료(해파리, 반딧불이, 심해 물고기 등 참고)
창의 재료	구슬 눈알 모형(큰 눈 표현), 투명 셀로판지(투명 피부 표현), 아이클레이(몸통, 짧은 다리, 뿔 등 만들기), 전선 피복(더듬이와 다리 만들기), 은색·검정 펠트지(열 저장 구조 표현), LED 미니 전구(발광 더듬이), 소형 핫팩(열 저장 뿔의 온기 재현), 글루건(부품 접합)

※ 준비물은 활동지 구성에 맞게 조정 가능합니다. 기본 준비물은 학생이 늘 사용하는 학습 도구이고, 공통 준비물은 수업 전 과정에서 공통으로 필요한 자료입니다.

📖 세부 활동 지침

극한 환경에서 생물이 살아남는 방법을 탐구하고, 생명체의 구조와 기능을 반입체 설계물과 시각 자료로 표현하는 활동입니다.

1) 상황 이해하기 : 극한 환경에서 생물이 어떻게 살아남는지 사진 자료 등을 간단히 살펴봅니다.
2) 생존 기능 선택하기 : 준비된 기능 중 4가지를 고르고, 창의적인 1가지를 더해 5가지를 결정합니다.
3) 시나리오 쓰기 : 생물이 어떤 환경에 살며, 왜 그런 기능을 갖게 되었는지 적습니다.
4) 설계도 그리기 : 생물의 구조를 단순화해 그린 뒤 각 부위는 색종이로 구분해 표시하고, 말풍선·라벨지로 기능 설명을 보충합니다.
5) 반입체 구조물 만들기 : 설계도에 따라 생물 구조물을 만듭니다. 아이클레이로 몸통과 다리를 만들고, 짧고 튼튼한 다리는 아래쪽에 단단히 붙입니다. 뿔은 길게 말아 소형 핫팩을 넣을 공간을 만들고, 실제로 핫팩을 안에 넣어 '열 저장 기능'을 표현합니다. 더듬이는 전선 피복으로 구부려 만들고, 끝에 LED 미니 전구를 부착해 어두운 곳에서 빛이 나는 효과를 줍니다. 피부에는 투명 셀로판지를 붙여 위장 기능을 표현하고, 눈에는 구슬 눈알을 달아 크고 잘 보이는 눈을 형상화합니다. 등과 배 부분에는 검정 펠트지를 덧붙여 열이 빠지지 않도록 설계하며, 글루건을 사용해 전체 부품을 접합합니다. 색지와 색연필로 생물의 무늬, 이름표, 기능 라벨을 꾸밉니다. 만든 구조물은 클립보드에 고정합니다. 필요한 도구(가위, 커터 칼, 자, 딱풀 등)는 적절히 활용해 조형 완성도를 높입니다.
6) 보완하기 : 조립이 약한 부분은 다시 글루건으로 붙이고, 기능 설명이 빠진 부분은 라벨지를 붙여 보완합니다.
7) 마무리하기 : 완성한 생명체 구조물을 발표하고, 각 기능과 구조가 어떻게 생존에 도움이 되는지 설명합니다.

📖 활동 개요

해수면 상승이 도시에 미치는 영향을 탐구하는 과학(S), 침수 대응 조건을 설계하는 기술(T), 지도를 구조적으로 구성하는 공학(E), 침수 상황을 시각적으로 표현하는 예술(A), 고도·범위·비율을 계산·비교하는 수학(M)이 융합된 STEAM 활동입니다.

📖 활동 준비물

주제별 준비물(교사 준비)은 기후 변화와 해수면 상승의 개념을 이해하고, 침수 도시를 시각적으로 표현하는 데 활용되는 학습 자료입니다.

구분	준비물
기본 준비물	연필, 지우개, 자, 가위, 커터 칼, 딱풀(쓰기·지우기·선 긋기·자르기·붙이기), 색연필(10·50·70미터 단계별 도시 색칠), 사인펜(침수 경계선 강조와 말풍선 문구)
공통 준비물	A4 용지(시나리오 작성과 완성된 아이디어 작성), A4 활동지(선택한 조건과 설계도 작성), 포스트잇(침수 조건 정리), 색종이 조각(침수 구역 배경 꾸미기), 말풍선(놀람이나 걱정 등 침수에 대한 감정 표현), 마스킹 테이프(영역 강조), 클립보드(지도 임시 고정), 지퍼백(재료 보관)
주제별 준비물 (활동 전 학습)	지오몽 교재, 해수면 상승 시나리오 애니메이션 또는 위성 사진(해안선 변화 관찰), 기후 변화 영상 자료(온난화와 빙하 감소), 해수면 고도 비교 지도(고도별 침수 구분 기준 이해)
창의 재료	A3 크기 세계 백지도, 침수 도시 아이콘 스티커(잠긴 집, 경고 표시), 지도에 붙일 조건 그림 자료(집과 산 등 지형·시설 아이콘 도안, 침수 시 덮어서 표현), 색지(침수 지역 단계별 색 표현), 클레이(입체 지형 표현)

※ 준비물은 활동지 구성에 맞게 조정 가능합니다. 기본 준비물은 학생이 늘 사용하는 학습 도구이고, 공통 준비물은 수업 전 과정에서 공통으로 필요한 자료입니다.

📖 세부 활동 지침

기후 변화에 따른 침수 상황을 탐구하고, 도시 구조와 침수 대응 조건을 반입체 지도와 시각 자료로 표현하는 활동입니다.

1) **상황 이해하기** : 위성 사진과 고도 비교 지도를 통해 기후 변화로 해수면이 상승하면서 세계 여러 도시가 침수 위기에 놓였음을 이해합니다.

2) **조건 선택하기** : 해수면의 높이 단계에 따라 침수 지역을 색으로 구분하고, 침수 상태를 표현합니다.

3) **시나리오 쓰기** : 침수되는 지역을 단계별로 정리하고, 우리 동네가 언제 침수되는지 가정해 기록합니다.

4) **설계도 그리기** : 색연필과 사인펜을 사용해 도시의 지형 조건, 침수 예상 구역, 대응 시설 등을 표시합니다.

5) **반입체 구조물 만들기** : A3 크기 세계 백지도에 연필과 자로 바다와 육지를 구분합니다. 그다음 몰디브와 인천, 서울 같은 도시의 위치를 표시한 뒤, 딱풀로 조건 아이콘과 침수 도시 스티커를 붙입니다. 색지로 10·50·70미터 해수면을 연한 파랑, 중간 파랑, 진한 파랑으로 구분하고, 색종이를 지도 전체 바탕에 넓게 붙여서 침수된 지역의 분위기나 상황을 표현합니다. 클레이로는 산지나 제방 등 고지대를 도드라지게 해서 지형 차이를 강조합니다. 마스킹 테이프로 경계를 강조하고, 말풍선 스티커에 "이 도시는 물에 잠겼어요!"와 같은 문장을 써 붙입니다. 포스트잇에는 침수 조건 등을 추가합니다. 도시 구조를 그릴 때는 침수 예상 구역과 고지대를 먼저 나누고, 조건 그림 자료를 배치합니다. 아이콘을 단순 나열하지 않고, 침수된 곳에는 해당 집 그림을 덧칠하며 변화 상태를 표현합니다. 스티커와 색지의 위치도 레이아웃을 고려해 배치합니다.

6) **보완하기** : 침수 경계선이 모호한 부분을 색연필 등으로 강조하고, 빠뜨린 조건이나 문장을 보완합니다.

7) **마무리하기** : 완성된 침수 도시 지도를 친구들과 공유하고, 내가 선택한 조건과 도시의 침수 상태를 설명합니다.

📖 활동 개요

사막화가 생태계에 미치는 영향을 탐구하는 과학(S), 초원 복원의 기능을 설계하는 기술(T), 장치를 구성하는 공학(E), 장치를 시각적으로 표현하는 예술(A), 기온·습도·조도를 비교하고 조건을 계산하는 수학(M)이 융합된 STEAM 활동입니다.

📖 활동 준비물

주제별 준비물(교사 준비)은 사막화와 초원 복원의 개념을 이해하고, 초원화 장치의 작동 원리를 시각적으로 설명하는 데 사용되는 학습 자료입니다.

구분	준비물
기본 준비물	연필, 지우개, 자, 가위, 커터 칼, 딱풀(쓰기·지우기·선 긋기·자르기·붙이기), 색연필(설계도 색칠), 사인펜(기능 강조)
공통 준비물	A4 용지(시나리오와 완성된 아이디어 작성), A4 활동지(장치 기능 설명과 설계도 작성), 색종이(기능 위치 표시), 포스트잇(기능 설명과 관찰 내용 기록) 마스킹 테이프(구조물 임시 고정), 말풍선·스티커·라벨지(이름 붙이기, 꾸미기), 클립보드(설계도 고정), 지퍼백(재료 보관)
주제별 준비물 (활동 전 학습)	지오몽 교재, 사막화 진행 애니메이션 또는 위성 사진, 사막화 대응 영상 자료(인공 초지 조성 사례)
창의 재료	우드락(장치 구조물 제작), 페트병(물탱크 구조물), 고무 튜브(물탱크와 씨앗 쪽 연결 물길), 스포이트(씨앗·식물에 물 뿌림), 알루미늄 호일(햇빛 반사), 투명 플라스틱판(온실 효과), 씨앗(잔디나 상추 등), 건전지 구동 모터(씨앗 덮개 자동 개폐 장치), 조도 센서(햇빛 감지 씨앗 덮개 자동 개폐), 글루건(부품 접착), 철사·끈(구조물 지지)

※ 준비물은 활동지 구성에 맞게 조정 가능합니다. 기본 준비물은 학생이 늘 사용하는 학습 도구이고, 공통 준비물은 수업 전 과정에서 공통으로 필요한 자료입니다.

📖 세부 활동 지침

기후 변화로 인한 사막화의 원인과 영향을 탐구하고, 초원 복원 장치를 반입체 구조와 시각 자료로 구체화해서 표현하는 활동입니다.

1) **상황 이해하기** : 기후 변화에 따른 사막화가 생태계에 미치는 영향을 영상과 자료를 통해 탐구하고, 초원 복원의 필요성을 이해합니다.
2) **장치 기능 선택하기** : 초원화 장치에 들어갈 기능 중 필요한 기능을 고르고 한 가지를 창의적으로 추가합니다.
3) **시나리오 쓰기** : 선택한 기능들이 실제 사막화 지역에서 어떻게 작동해 초원을 회복시킬지 설명하는 시나리오를 작성합니다.
4) **설계도 그리기** : 선택한 기능들의 구조와 연결 방식을 설계도로 그립니다. 주요 위치는 색종이로 표시합니다.
5) **반입체 구조물 만들기** : 설계도를 바탕으로 초원화 장치를 우드락으로 만듭니다. 물탱크는 페트병을 자르고, 고무 튜브를 연결해 씨앗 쪽으로 물이 흐르게 만듭니다. 스포이트는 물을 직접 뿌릴 때 사용합니다. 알루미늄 호일을 잘라 햇빛 반사판을 만들고, 철사로 지지대를 세워 고정합니다. 씨앗은 우드락 안에 배치한 작은 공간에 심고, 투명 플라스틱판을 덮어 온실 효과를 구현합니다. 건전지 모터는 씨앗 위 덮개에 연결해 여닫히게 하며, 조도 센서는 빛의 밝기를 감지해 덮개가 자동으로 움직이도록 합니다. 모든 부품은 글루건으로 접합합니다. 마스킹 테이프로 구조물을 임시 고정합니다. 포스트잇에는 기능별 작동 원리를 간단히 적어 붙입니다. 말풍선과 스티커로 장치를 꾸미고, 라벨지에는 장치 이름을 붙입니다.
6) **보완하기** : 기능이 잘 작동하지 않거나 구조가 흔들릴 경우, 글루건과 테이프를 사용해 보강합니다.
7) **마무리하기** : 완성한 초원화 장치를 발표하고, 각 기능과 구조가 사막화 환경에서 초원 복원에 어떻게 도움이 되는지 설명합니다.

📖 활동 개요

문어의 팔 기능이 생태계 적응에 미치는 영향을 탐구하는 과학(S), 생존 기능을 설계하는 기술(T), 팔 구조를 조립하는 공학(E), 기능과 움직임을 시각적으로 표현하는 예술(A), 환경 조건에 따른 기능을 비교·계산하는 수학(M)이 융합된 STEAM 활동입니다.

📖 활동 준비물

주제별 준비물(교사 준비)은 문어의 생김새와 팔의 다양한 기능을 이해하고, 팔의 움직임과 흡반, 위장 기능을 시각적으로 설명하는 데 사용되는 학습 자료입니다.

구분	준비물
기본 준비물	연필, 지우개, 자, 가위, 커터 칼, 딱풀(쓰기·지우기·선 굿기·자르기·붙이기), 색연필(작은 그림·글씨 색칠), 사인펜(핵심 내용 강조)
공통 준비물	A4 용지(시나리오와 완성된 아이디어 작성), A4 활동지(선택한 기능 설명과 설계도 작성), 색종이(팔 기능 위치 표시·꾸미기용), 포스트잇(팔 기능 비교 메모), 마스킹 테이프(구조물 고정), 말풍선·스티커·라벨지(꾸미기·이름 붙이기), 클립보드(도면 고정), 지퍼백(재료 보관)
주제별 준비물 (활동 전 학습)	지오몽 교재, 문어의 생김새와 팔의 기능 자료(팔의 다양한 활용 사례 확인), 해양 생물 사진 자료(문어 팔의 움직임, 흡반으로 먹이 잡기, 몸 색깔을 바꿔 숨는 모습 등 참고)
창의 재료	아이클레이(문어 몸통과 팔 만들기), 전선 피복(팔 뼈대와 움직임 표현), 작은 원형 양면 폼 스티커(팔 흡반 기능 표현), 투명 셀로판지(위장 기능 표현, 색감 변형), 펠트지(팔 표면 질감 표현), 구슬 눈알(눈과 눈의 움직임 표현), 글루건(부품 접합)

> ※ 준비물은 활동지 구성에 맞게 조정 가능합니다. 기본 준비물은 학생이 늘 사용하는 학습 도구이고, 공통 준비물은 수업 전 과정에서 공통으로 필요한 자료입니다.

📖 세부 활동 지침

극한 환경에서 문어가 살아남는 방법을 탐구하고, 팔의 구조와 기능을 반입체 모형과 시각 자료로 표현하는 활동입니다.

1) **상황 이해하기** : 교사는 문어의 생김새와 팔 기능 자료, 사진 자료를 제시하고 학생들은 연필로 특징을 기록합니다.
2) **팔 기능 선택하기** : 학생들은 포스트잇에 팔 기능을 적고 색종이에 붙이며, 감각·위장·도구·방어 팔 중 원하는 기능을 고르고 내가 만든 기능 1개를 추가합니다.
3) **시나리오 쓰기** : 사인펜과 색연필로 상황을 짧게 쓰고 그림으로 표현합니다.
4) **설계도 그리기** : 자와 색종이를 활용해 팔 기능 위치를 표시하고 라벨지로 설명을 붙입니다.
5) **반입체 구조물 만들기** : 아이클레이로 문어의 몸통을 만들고, 전선 피복을 심어 팔을 자유롭게 움직이도록 합니다. 작은 원형 양면 폼 스티커를 팔에 붙여 흡반 기능을 표현하고, 투명 셀로판지를 일부에 덧붙여 위장을 나타냅니다. 펠트지를 붙여 표면 질감을 살리며, 구슬 눈알을 접착해 눈을 완성합니다. 글루건을 사용해 부품을 고정하고, 마스킹 테이프로 임시 지지합니다. 색종이를 잘라 기능 이름표와 꾸밈 요소를 추가합니다. 가위와 커터 칼로 재료를 자르고 딱풀로 고정합니다. 완성 과정에서 색연필과 사인펜으로 팔 기능 설명을 직접 표기하고, 말풍선·스티커·라벨지로 보완합니다. 제작 과정에서 도면은 클립보드에 고정해 작업하며, 부족한 부분은 포스트잇에 메모해 보완합니다. 문어의 모형은 감각 팔, 위장 팔, 도구 팔, 방어 팔, 물 저장 팔까지 모든 기능을 구체적으로 표합니다.
6) **보완하기** : 약한 부분은 글루건으로 다시 접합하고 설명이 부족한 곳은 라벨지를 추가합니다.
7) **마무리하기** : 완성된 문어를 발표하며, 팔 기능과 구조가 극한 환경에서 어떻게 생존에 도움이 되는지 설명합니다.

📖 활동 개요

기후 변화가 지진에 미치는 영향을 탐구하는 과학(S), 지진 대응 기능을 설계하는 기술(T), 마을 구조를 입체로 조립하는 공학(E), 지진 상황과 대피를 시각적으로 표현하는 예술(A), 지진 조건과 피해 범위를 비교·계산하는 수학(M)이 융합된 STEAM 활동입니다.

📖 활동 준비물

주제별 준비물(교사 준비)은 기후 변화와 지진의 관계를 이해하고, 지진 발생 위치와 피해 양상을 시각적으로 설명하는 데 사용되는 학습 자료입니다.

구분	준비물
기본 준비물	연필, 지우개, 자, 가위, 커터 칼, 딱풀(쓰기·지우기·선 긋기·자르기·붙이기), 색연필(지진 발생 구역 색칠), 사인펜(지진 경계선 강조)
공통 준비물	A4 용지(시나리오 작성과 아이디어 정리), A4 활동지(선택한 기능과 설계도 작성), 색종이 조각(지진 구역과 지형 표현), 말풍선 스티커(지진 관련 감정 표현), 마스킹 테이프(지형 경계 표시), 포스트잇(위험 요소 표시), 클립보드(도면 고정), 지퍼백(자료 보관)
주제별 준비물 (활동 전 학습)	지오몽 교재, 기후 변화와 지진의 연관 사례 영상, 지각판 경계 지도, 세계 지진 분포도, 해빙 지역 위성 사진 자료
창의 재료	A3 마을 지도 바탕지(마을 구성 작업 판), EVA폼(건물, 대피소, 단층선 등 구조물 표현), 내진 건물 표시 아이콘 스티커, 위험 지역 아이콘(균열과 단층선 등 위험 지역 시각화), 지진 방송 시설 확성기 아이콘, 색지(도로, 구역, 지형 차이 색상 구분), 지진 대비 장치 그림 자료(건물 기초 보강 장치, 대피소 등 표현한 자료)

※ 준비물은 활동지 구성에 맞게 조정 가능합니다. 기본 준비물은 학생이 늘 사용하는 학습 도구이고, 공통 준비물은 수업 전 과정에서 공통으로 필요한 자료입니다.

📖 세부 활동 지침

기후 변화로 발생하는 지진에 도시의 대응 방법을 탐구하고, 마을의 구조와 안전 조건을 반입체 모형과 시각 자료로 표현하는 활동입니다.

1) **상황 이해하기** : 기후 변화와 지진 연관 영상을 시청하고, 세계 지진 분포도와 지각판 경계 지도를 살펴보며 마을이 지진에 노출되는 상황을 이해합니다.

2) **마을 기능 선택하기** : 지진 대비를 위한 마을 기능(내진 건물, 대피소, 방송 시설 등)을 선택하고 배치 계획을 세웁니다.

3) **시나리오 쓰기** : 지진 발생 시 어떤 일이 일어나고 주민이 어떻게 대피할지 시나리오로 작성합니다.

4) **설계도 그리기** : 마을 지형과 주요 건물, 위험 구역을 구획하고, 사인펜으로 지진 경계선과 설명 문구를 덧붙입니다.

5) **반입체 구조물 만들기** : A3 크기 마을 지도 바탕지를 준비하고, 도시 구조를 그립니다. EVA폼으로 내진 건물, 대피소, 단층선을 입체적으로 조립합니다. 딱풀을 이용해 내진 건물 아이콘 스티커와 위험 지역 아이콘(균열, 단층 등)을 붙이고, 색지로 도로와 구역을 색상별로 구분합니다. 색종이 조각으로 진앙 주변을 꾸미고, 클레이로 단층선을 도드라지게 표현합니다. 방송 시설 아이콘은 확성기 형태로 배치하고, 포스트잇에는 지진 대비 조건("여기엔 대피소가 있어요")을 써서 지도 곳곳에 붙입니다. 말풍선 스티커에는 "지진이 왔어요!" 같은 감정 표현 문장을 써 넣습니다. 마스킹 테이프로 각 지역 경계를 강조하고, 작업한 지도는 클립보드에 고정하여 마무리합니다.

6) **보완하기** : 지진 위험 지역 경계가 흐리거나 설명이 부족한 부분은 색연필이나 사인펜으로 보완합니다.

7) **마무리하기** : 완성된 마을을 발표하고, 피드백을 받아 반영합니다.

29·극한 환경 생존 장치 또는 약물 개발 활동 해설지

📖 활동 개요

극한 환경이 생물의 생존에 미치는 영향을 탐구하는 과학(S), 생존 기능을 설계하는 기술(T), 장치를 입체적으로 조립하는 공학(E), 장치와 환경을 시각적으로 표현하는 예술(A), 조건과 기능 효과를 비교·계산하는 수학(M)이 융합된 STEAM 활동입니다.

📖 활동 준비물

주제별 준비물(교사 준비)은 극한 환경에서 생물의 생존 조건을 이해하고, 생존 장치의 기능과 구조를 시각적으로 설명하는 데 사용되는 학습 자료입니다.

구분	준비물
기본 준비물	연필, 지우개, 자, 가위, 커터 칼, 딱풀(쓰기·지우기·선 긋기·자르기·붙이기), 색연필(설계도 색칠), 사인펜(기능 강조)
공통 준비물	A4 용지(시나리오와 완성된 아이디어 작성), A4 활동지(선택한 기능 설명과 설계도 작성), 색종이(기능 위치 표시), 포스트잇(기능 설명과 관찰 메모), 마스킹 테이프(구조물 임시 고정), 스티커·라벨지(식량 기능 표시, 꾸미기), 클립보드(설계도 고정), 지퍼백(재료 보관)
주제별 준비물 (활동 전 학습)	지오몽 교재, 극한 환경 생물 탐구 영상(내열성·내압성 생물 사례 관찰), 다양한 인공 생존 장치 사진(극한 환경의 생존 장치 기능과 구조의 이해), 환경별 생물의 생존 전략 비교 자료
창의 재료	알루미늄 호일(고온 열막 보호복), 투명 플라스틱판(방사선 차단 외부 보호막), 페트병(산소 저장 캡슐), 고무 튜브(산소 공급로 연결), 우드락 조각(영양 압축 식량), 스포이트(뇌세포 치료 주사 약물 전달 장치), 철사·끈(장치 지지, 부품 고정·연결 구조 보강), 글루건(부품 접합)

※ 준비물은 활동지 구성에 맞게 조정 가능합니다. 기본 준비물은 학생이 늘 사용하는 학습 도구이고, 공통 준비물은 수업 전 과정에서 공통으로 필요한 자료입니다.

📖 세부 활동 지침

극한 환경에서 생존 방법을 탐구하고, 생명체 보호를 위한 장치의 구조와 기능을 반입체 모형과 시각 자료로 표현하는 활동입니다.

1) **상황 이해하기** : 극한 환경에서 생물들이 어떻게 살아남는지에 대한 탐구 영상을 보고, 극한 조건에서 필요한 생존 요소를 이해합니다.

2) **장치 기능 선택하기** : 재료를 참고하며 생존 장치에 들어갈 기능 4가지를 선택하고, 나만의 기능 1가지를 추가로 고안합니다.

3) **시나리오 쓰기** : 내가 고른 기능들이 어떤 극한 환경(우주, 해저, 극지 등)에서 어떻게 작동하는지 작성합니다.

4) **설계도 그리기** : 구조와 기능별 위치를 계획한 뒤 색연필과 사인펜으로 구분해 설계도를 그립니다.

5) **반입체 구조물 만들기** : 설계도를 바탕으로 우드락 위에 장치의 기본 골격을 구성하고, 각 기능을 준비물로 구현합니다. 알루미늄 호일은 고온 환경을 견디는 열막 보호복 구조로 표현하고, 투명 플라스틱판은 방사선 차단막으로 부착합니다. 페트병은 산소 저장 캡슐로 자르고, 고무 튜브를 연결해 산소 공급 장치를 만듭니다. 우드락 조각과 색종이를 이용해 고농축 식량 저장 공간을 구성하고, 스티커와 라벨지로 식량 기능을 표시합니다. 스포이트는 기억 복원 주사를 표현하는 약물 전달 장치로 장치 내부에 고정합니다. 글루건으로 부품을 접합하고, 철사와 끈으로 구조를 지지하거나 부품을 연결합니다. 포스트잇에는 기능별 설명을 정리해 붙이고, 말풍선과 스티커로 장치 외부를 꾸밉니다.

6) **보완하기** : 흔들리거나 작동이 불안정한 부분은 마스킹 테이프와 글루건을 이용해 보강하고, 기능 연결이 안 되는 곳은 수정합니다.

7) **마무리하기** : 완성된 생존 장치 모형을 발표하며, 내가 만든 기능과 구조가 극한 환경에서 생명체 보호에 어떻게 도움이 되는지 설명합니다.

30·빙하기 생존 키트 만들기 활동 해설지

📖 활동 개요

빙하기 극한 환경의 생존 기능을 탐구하는 과학(S), 생존 장치를 구체적으로 설계하는 기술(T), 구조물을 실제로 조립하는 공학(E), 기능과 환경을 시각적으로 표현하는 예술(A), 조건과 효과를 비교·계산하는 수학(M)이 유기적으로 융합된 STEAM 활동입니다.

📖 활동 준비물

주제별 준비물(교사 준비)은 빙하기와 같은 극한 환경에서 생존하기 위한 조건을 이해하고, 생존 키트의 기능과 구조를 시각적으로 설명하는 데 사용되는 학습 자료입니다.

구분	준비물
기본 준비물	연필, 지우개, 자, 가위, 커터 칼, 딱풀(쓰기·지우기·선 긋기·자르기·붙이기), 색연필(설계도 색칠), 사인펜(기능 강조)
공통 준비물	A4 용지(시나리오와 완성된 아이디어 작성), A4 활동지(선택한 기능 설명과 설계도 작성), 색종이(기능 위치 표시·꾸미기), 포스트잇(기능 설명 메모), 마스킹 테이프(구조물 임시 고정), 스티커·라벨지(기능 이름표·꾸미기), 클립보드(설계도 고정), 지퍼백(재료 보관)
주제별 준비물 (활동 전 학습)	지오몽 교재, 빙하기와 극한 환경 생존 영상(체온 유지·에너지 절약 사례, 인공 생존 장치 사진(정수·보온 장치. 충전기 구조 이해), 다양한 생존 전략 비교 자료
창의 재료	펠트지(보온 담요 표현), 투명 셀로판지(열 반사 침낭), 전선 피복(정수 필터 뼈대), 아이클레이(정수 필터 내부, 영양 저장 식량 모형), 작은 원형 양면 폼 스티커(정수 필터 버튼 등 조작부 표현), 색지(충전기 패널, 라벨 제작), 구슬 눈알(사람처럼 장치 장식), 글루건(부품 접합)

※ 준비물은 활동지 구성에 맞게 조정 가능합니다. 기본 준비물은 학생이 늘 사용하는 학습 도구이고, 공통 준비물은 수업 전 과정에서 공통으로 필요한 자료입니다.

📖 세부 활동 지침

빙하기와 같은 극한 환경에서 생존 방법을 탐구하고, 생존 키트의 구조와 기능을 반입체 모형과 시각 자료로 표현하는 활동입니다.

1) **상황 이해하기** : 빙하기의 극한 환경 영상과, 인공 생존 장치 사진 자료를 보고 관찰 내용을 간단히 기록합니다.
2) **키트 기능 선택하기** : 보온 담요, 정수 필터. 태양광 충전기 등 포스트잇에 필요한 기능을 적고, 색종이에 붙여 정리합니다.
3) **시나리오 쓰기** : 자신이 선택한 장치가 어떻게 생존에 도움 되는지 짧은 이야기로 씁니다. 색연필로 삽화를 그려도 좋습니다.
4) **설계도 그리기** : 장치의 기본 구조를 그립니다. 색종이로 각 기능의 위치를 표시하고, 라벨지와 스티커로 이름을 붙입니다.
5) **반입체 구조물 만들기** : 아이클레이로 정수 필터의 내부와 영양 저장 식량을 빚고, 전선 피복으로 정수 필터의 뼈대를 세웁니다. 작은 원형 양면 폼 스티커를 붙여 필터 버튼을 표현합니다. 펠트지는 보온 담요와 열 반사 침낭의 질감을 나타내고, 투명 셀로판지를 덧대어 열을 반사하거나 태양광 충전기 패널의 빛 반사 효과를 구현합니다. 색지로 충전기 패널과 라벨을 제작하고, 구슬 눈알을 붙여 장치에 친근한 장식 요소를 더합니다. 부품은 마스킹 테이프로 임시 고정한 뒤 글루건으로 접합합니다. 가위와 커터 칼로 재료를 세밀하게 자르며, 딱풀로 작은 부품을 붙입니다. 색연필과 사인펜으로 기능 설명과 장식 무늬를 표기합니다.
6) **보완하기** : 약한 부분은 글루건으로 다시 고정하고, 빠진 설명은 라벨지로 보완합니다. 색연필로 부족한 색을 채우고, 포스트잇에 개선점을 메모합니다.
7) **마무리하기** : 빙하기 생존에 필수적인 기능을 탐색하고, 창의적으로 설계한 키트를 발표한 뒤 피드백을 반영합니다.